有故事的中国人
Chinese with Stories to Tell

收藏幸福

刘莉莉 著

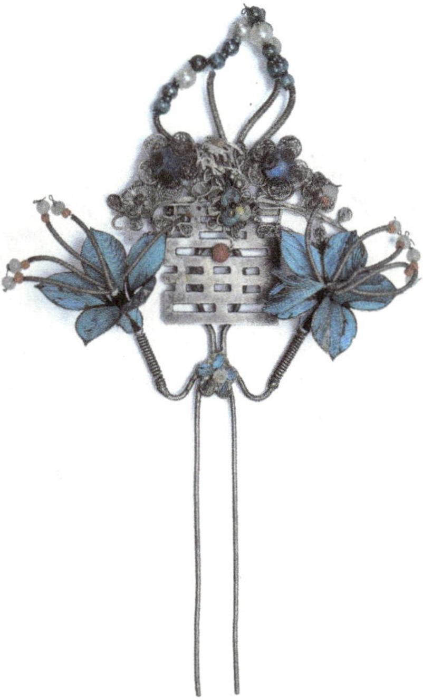

新世界出版社
NEW WORLD PRESS

民国时期的红布饰彩条花蝶双喜桌围
（本书图片均由主人公提供）

世世有“囍”

民国时期的
彩绘祥云百喜图碗

满汉全席上使用的
“囍”字火锅

2016 年在北京 798 艺术区
举行的“新年见囍”收藏展中的部分展品

晚清的
粉彩花卉“囍”字纹帽筒

20 世纪 50 年代的
彩绘瓜瓞纹人物“囍”字四节盒

清同治年间的
黄地粉彩蝶“囍”字纹碗

家家有“囍”

清末的
珐琅蝈蝈花卉“囍”字头饰

仿民国时期的
红缎绣花"囍"字高底弓鞋

红木婚床

序

《收藏幸福》是与艳平有关的第二本书了，在即将出版前，艳平和出版社邀我为该书做序。只限一千来字，写什么呢？确实纠结了一阵子。和艳平有三十多年的交集，真算是老朋友了。老朋友，习以为常，很少琢磨。为了这份友情，又返回时光的隧道，任由往事慢慢地如彩虹般地绽放……

20 世纪 80 年代初，我在中国青年艺术剧院做文学编辑。我先生在东方歌舞团做舞台摄影师。我们的父母开明好客，加之有些文化传统，当时北电、中戏、上戏、舞蹈学校这些艺术院校的在校生，周末喜欢结伴来我家玩。轻松的氛围，听听音乐，聊聊文学，有时，还有即兴的诗歌朗诵和戏剧小品表演，还有时，会去火车站集合，一起坐火车去郊外踏青、嬉水。艳平总是和舞校的另一个女伴一起来。当时没有手机，没有微信，没有私人汽车……这些爱好艺术的年轻人，聚也好，散也好，都没有那么多的瓜葛，交往很纯粹。在我的印象中，艳平很安静，不喜欢表达，说话也是轻声细气的。后来才知道，她当时已是中央芭蕾舞团里的台柱子、著名的芭蕾舞明星，经常到国外参赛和演出，并被文化部评为杰出人才，享受高级津贴。当时她二十出头的年龄，已

舞蹈家、收藏家王艳平

取得了这样骄人的成绩，却能在一群自诩不凡的年轻人中神清气淡，不卑不亢。她的身上也没有那么多艺术学校女孩的毛病，从来不要求特殊照顾，很好相处，所以大家有什么活动都爱叫着她。后来不知哪个男生怪调皮的，叫她“老王”，她也默许，这就在我们圈子里叫开了，一直叫到现在。都觉得叫“老王”挺自豪的，透着和芭蕾女神的亲昵与交情。

老王十一岁从哈尔滨来到北京舞蹈学校，在这里她遇见了她人生的贵人——两位对她严格要求的老师，指导她在练功房里每天练习着古典芭蕾枯燥的基本功，在钢琴悠扬的乐曲中，一遍又一遍地练习着“最残酷”也是最优美的芭蕾舞。她的舞蹈天赋发挥到极致，汗水浸透了她的衣衫，她的羽翼一天天丰满，她也化作了美丽的白天鹅。

这样严格刻苦的训练，持续了十几年，对她的人生产生了深刻的影响，以致在今后的岁月里，无论环境发生了多么大的变化，对美的追求和认定，都是老王持久不变的信念。在她的心中，美就像白天鹅一样神圣纯洁，就像舞台上的芭蕾一样，在惊艳亮相的背后，先要经历痛苦的磨砺，才能呈现出美的最佳境界，就像那些漂亮的反弓的足背，都是经过足尖滴血的、刻骨铭心的痛，才达到的超凡脱俗。在后来的生活中，老王身处优逸而不乱，无论对人对事对自己，为了做到美的最佳境界，她都比一般人沉得住气，能吃苦能付出。

说到我们俩的友情，其实近十几年，我们住在大北京的两头，见面是很少的，我们不常打电话，也不爱在微信上凑热闹，所幸是我们始终能一见如故，我们在一起时是两个忘龄的爱美爱生活的朋友。即使是见个面，也要追求丰富多彩，高效率，一天顶两天。

她是朋友中唯一走路比我快的人，我们边走路还要边分享各种新事物。美食是我们共同的爱好，但有时连吃饭也顾不上，我们却都高兴地“饿着”，因为有比吃饭更精彩的内容等着我们，比如：参观展览或者看演出。

和艳平接触过的朋友，大都有被她惊艳到的体会吧？她去参加任何一个活动或party时，都会成为人群中的亮点，男人们瞠目，闺密们也艳羡不已。并不是她的着装有多么的华丽昂贵，而是她总能穿出时尚，穿得有创意，卓尔不群。因为她特别爱学习，把每次社交都当成向大家学习交流的机会，认真地对待。她的学习

郭大公摄

能力也是很强的，就说收藏这事儿，想当年，她只能跟在懂行的朋友后边儿去潘家园转悠，可转眼几年，她就不吭不哈，独辟蹊径，把囍字专项收藏做得有声有色了！她收藏了幸福，成为囍字收藏第一人。

如今，由新世界出版社出版、青年作家刘莉莉撰写的《收藏幸福》一书出版了，把艳平的故事告诉大家。在分享此书出版的喜悦之际，作为老友，我想说：老王，祝贺你！老王，为你高兴！

让我们和艳平一起分享中华囍文化，分享幸福的每一天！

宁馨儿

2017 年 9 月 21 日

自　序

从“白天鹅”到收藏者

初见王艳平，是 2016 年的元旦。辞旧迎新之际，她在北京 798 艺术区的花间喜舍茶坊举办了一场“新年见囍”收藏展，并叮嘱我说，参观这场展览，得穿上红色才应景儿。

而当我推开花间喜舍茶坊的大门，如同走进了洞房。

若非洞房，怎么一进门的长条案上，摆满了大大小小的红烛？为何墙边多宝阁上，陶罐、瓷缸、木盒、暖瓶、茶壶、竹篮都印着“囍”字？而那包着红纸的糖果和茶包，难道不是用来招待吃喜酒的宾客吗？

“宾客”们，也是精心装扮，玫红色的羊绒衫、粉红色的连衣裙、桃红色的短褂……一派花红柳绿。他们举着相机，走走拍拍。这是一个关于“囍”的展览，每一个藏品身上，都背着一个 醒目的“囍”字。

“你好！”她在我身后打着招呼。这是我第一次见到王艳平。只见她眼睛很亮，但暖暖的，声音朗朗，落落大方。身穿一件绣着鲜艳的大朵牡丹的中式女袍，那上面也有显眼的“囍”字洒落花中。这样的穿搭在她身上却艳而不俗，时尚优雅，和此时茶舍里的浓浓喜气相得益彰，非常和谐。

20 世纪 80 年代，艳平是著名的芭蕾舞演员。她是中央芭蕾舞团的台柱子，《天鹅湖》中的白天鹅、黑天鹅，《堂吉诃德》中的吉特莉，《睡美人》中的公主，《吉赛尔》中为爱疯狂的姑娘……她从来都是跳主角。

而此时，洁白羽毛变为赤色翎羽，“天鹅”正与一群老朋友站在一起，那些边缘有些磨损的搪瓷罐子、锈迹斑斑的暖壶和不再鲜亮的绣片……只是，上面的“囍”字，彰示着曾经的风光与吉庆，蕴含着或仍存有或已逝去的亲昵与爱恋……

与艳平聊天时，我俩隔着一条长条案，相对而坐，半盏清茶，些许小食，占据了长条案的左侧，右侧是两排老式暖壶，每个身上都背着一个大大的“囍”字。第一次交谈，艳平和我聊了很多，她给我讲了早年学习芭蕾舞的许多往事，她对艺术的见解和对美的执着给我留下了深刻的印象。她很坦白地和我聊在国外求学时那种“没了根”的感觉，也聊自己经常幻想回到古代，去过一种久违的慢生活。

也许是舞蹈演员出身的缘故，王艳平看见什么，都能和舞蹈联系起来，“你看，一个暖壶，就是独舞，一堆暖壶，就是群舞”。

王艳平爱上“囍”，也多少与舞蹈有点关系。那是在 1999 年，她在古玩城看到一个玉挂件，上面醒目的“囍”让她眼前一亮，“两个‘喜’，不就像两个人在跳舞吗？简直是中国汉字中最美的一个字”。

收藏大家马未都先生说，收藏有诸多境界，一掷千金算一种，持之以恒算一种，王艳平显然属于后者。自从有了第一个“囍”

生活照

字玉挂件，她的收藏便一发不可收拾，全国各地的古玩城、旧货场、古董店，甚至胡同民巷、田间地头，都成了王艳平淘宝的目的地。

她坐上面包车，带着一儿一女，北上呼伦贝尔，南下苏杭，西到天府之国……全国各地游走、淘宝，被朋友们称 为“前无古人，后无来者”的淘宝人。

北京潘家园，于众多盆盆罐罐中一眼相中一对嵌着细小

“囍”字的耳环，是大海捞针；在大理，好说歹说买下老大娘用了四五十年的洗菜盆，是“夺人所爱”；而在长春，收了心心念念一年之久的喜寿罐子，是“成功拔草”……

“在寻寻觅觅中，我终于找到了这件能打动我内心的物件，也终于找到了我的收藏方向，把范围扩展到跟‘囍’字有关的方方面面：瓷器、绣片、烛台、首饰、果盘、茶叶罐……到现在经过了十几个年头，有了几千件藏品。”

也许，单个藏品是那样朴素、简单，但当规模形成，便营造出一种妙不可言的氛围和感动，如同一颗颗珍珠，汇成一串璀璨的项链，散发出夺目光彩。

收藏大家马未都曾说，收藏往往从物质开始，不知不觉滑向精神，当精神占了主导后，收藏就会显得其乐无穷。收集了越来越多的“囍”，王艳平的思考，也开始从这个字的形态美，上升到了韵味美和意境美。

《说文解字》中有云：“喜，乐也。”传说宋人王安石洞房花烛、金榜题名双喜临门，他便写下一个“囍”字，此后，这个字更是 深受民间喜爱，将无“囍”不婚庆的传统延续至今。

“囍”代表了人们对于美好生活的向往，涵盖了中国人对幸福的终极表达。男婚女嫁，家家都要在门口贴上一个大红“囍”字，过路的人一看就知道这家人在办喜事。“囍”是中国人抹不掉的记忆，而收藏“囍”更是件浪漫温暖的事。

如今，每当看着自己的藏品，王艳平都有种“如初见”的感觉。“我觉得我和‘囍’就像两块吸铁石，我在找它，它也在找我。”

她说，“‘囍’字孕育着一个家庭的延续，结婚生子，代代相传，预示着美好的祝福和希望，这是个可以带来幸福的字啊！”

从芭蕾舞者，到“囍”字收藏人，王艳平体会到了不同的美，那是把凌空一跃的脱俗，转换成了脚踏实地的幸福。

王艳平说她很幸运，在生活中找到了很多“囍”，找到了最真实的感动，最纯粹的幸福，收藏了最幸福的时光。

目录 | CONTENTS

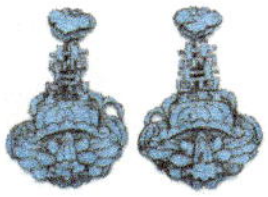

第一章

“想成为最好的芭蕾舞演员，就要从‘擦地’开始”

清代的
点翠“囍”字花卉头饰

“你想成为最好的芭蕾舞演员，要从练习基本功开始。”

“父母给了我生命，老师给了我人生”

“我还清楚地记得我在她上学的北京舞蹈学校门口，等她走出胡同的那一刻，她顺光走过来，我逆光看她，她身上罩着一层光晕，亭亭玉立，那一年她还不到二十岁。”

收藏大师马未都，如此描述他相识了三十多年的漂亮朋友王艳平。

成为舞者，是王艳平自己的选择，看到王艳平的人都觉得她气质优雅，尤其是头型长得非常洋气，好像生来就是做一名芭蕾舞舞者的好材料。然而，在她出生的那个60后年代，洋气并不是一件好事，封资修都被打倒了，别说去跳芭蕾，就是看芭蕾舞都会被扣上崇洋媚外的帽子，被批评教育。

十一岁时的肖像照

那艳平怎么走上了舞蹈之路，还成为了中国芭蕾舞演员中的佼佼者呢？

“文革”前的哈尔滨，一个漂亮的女孩诞生了，虽然家里经济条件一般，但她有一个在昆明军区话剧团工作的父亲。父亲魁悟英俊，不仅是军人还是演员。在那个年代，能在部队文工团当个演员得万人挑一，层层筛选，比现在可难多了！所以，这件事在年幼的艳平心里也是非常骄傲温暖和向往的。

九岁那年，母亲带着她第一次坐火车去昆明探亲，探望在部队话剧团工作的父亲。

她很少提起和父亲见面的情景，但是父亲工作的地方，那里的花香鸟语，那里的演出和琴声，还有那些漂亮的人们紧张忙碌流着汗水的排练场景——这里的一切是陌生的，充满了诱惑，她开心快活，喜欢这里的一切。仿佛这里是她的大花园，她想在这里像花朵一样呼吸绽放！

九岁的艳平，不缠着妈妈去逛街买好吃的、好玩的；不缠着妈妈带她去公园，而是每天坐在话剧团的排练场看那些反反复复的排练。直到有一天，她在院子里听到一阵阵的琴声，她就顺着琴声走去。门是关着的，她只能伸着脖子，从上边的玻璃窗往里边看。“啊，太美了！”她一下子被吸引住了！她看到一群大姐姐们正在钢琴的伴奏中排练，时而大跳，时而旋转。练了一遍又一遍，汗水浸透了她们的衣衫。门外的小姑娘也掂着小脚，一直扒着玻璃，一动不动，如醉如痴地看着，忘了周围的一切！

“是这扇窗打开了我的心，让我迷上了舞蹈。”

后来，这个漂亮的小姑娘天天跑到舞蹈团的排练房，混在大哥哥大姐姐中，跟着他们压腿下腰，旋转蹦跳。

那是一段激动人心的日子，甜蜜蜜的。艳平现在讲起九岁时的这段日子时说，那年是第一次坐火车去昆明，一共四十天，“我就自己在练功房里泡了三十多天”。

假期结束了，她还恋恋不舍。一个阿姨把一双大人穿的“脚尖鞋”送给她，她抱着这双“脚尖鞋”高兴得像得到了一个宝贝，飞快得跑回住处，迫不急待得就把这双“脚尖鞋”套在脚上，还系上了丝带。她晃悠着用脚尖站立起来，心里那个美啊！

“文革”时期，全国上下听的看的全是八个革命样板戏。艳平看的也是革命样板戏，在《红色娘子军》里面，她看见主人公们是穿着这样的“脚尖鞋”在跳舞，她也穿上了，那感觉和东北过年踩高跷似的。

数年后，当昆明军区这群舞蹈演员到北京舞蹈学校进修的时候，看到艳平在跳白天鹅，不禁惊呼：这不是当初那个要舞鞋的小姑娘吗？！

回到哈尔滨后，在父母的要求下，艳平练了两年体操。当时，一心爱上舞蹈的艳平，虽不情愿练体操，却打下了很好的软功基础，能下腰。两年后，当她参加北京舞蹈学校招生考试的时候，便显示出了明显的优势。

王艳平（左二）八岁时和母亲、姑姑和两个弟弟在一起

北京舞蹈学校的招生考试，可谓是万里挑一。在一试和二试中，拥有姣好面容、高挑身材，以及长胳膊长腿的艳平轻松过关。到了三试，入围者已寥寥，老师要帮着考生抬腿、下腰，以考察身体的柔韧度，没想到艳平自己轻轻松松就把腿抬到一人多高，下腰用手抓到了脚脖子，引得在场的老师、家长惊叹声一片……

1973 年，十一岁的王艳平被北京舞蹈学校（1978 年更名为北京舞蹈学院）录取了！当时，能去北京可是一件非常大的事，亲朋好友来了，老师同学也来了，艳平为自己做的第一次选择实现了，艳平唱唱跳跳，沉浸在喜悦里，她年纪太小，有些事她还不懂。

十一岁的王艳平（二排左五）进入舞蹈学校后，
第一次到北京天安门参观

当列车要启动，爸爸妈妈拉着女儿的手，眼里含着泪花，“在学校要听老师的话”“要好好学习，天天向上啊”叮嘱着……也就在那一刻，艳平突然泪涌心头，第一次要离开家啦，她将头探出窗外，看到父母一边挥着手、抹着眼睛，一边追着火车跑，直到渐渐看不见了，那一刻，艳平真想整个人跳出窗去，再和妈妈拥抱一下，再和爸爸说说告别的话语，她哭着喊着：“爸爸，妈妈……”

“想成为最好的芭蕾舞演员，就要从‘擦地’开始”

初到北京舞蹈学校，艳平住进了舞校的宿舍，那时还是“文革”时期，四十多人住在一个教室里睡地铺。后来才有了宿舍，八个学生一间，是双层床，吃饭是在食堂吃大锅菜。没有电话，又不大会写信。艳平越来越想家，她和小伙伴们只能围坐在练功房里，哭一通，写一会儿，却谁也写不出来一封信，直到一个大一些的孩子写完一封，然后其他同学每人抄一份，再寄给各自的爸爸妈妈。

在一批入学的孩子中，艳平的身体条件特别好，是老师眼中的“好苗子”“希望之星”，可是她却不适应在学校的生活，以致开始的三年，她的成绩很不理想。艳平回想

刚进入舞蹈学校的王艳平

这些往事，感叹地说：“我觉得我特别幸运，碰到了那么多的好老师。我年纪小，想家吃不了苦，学习不刻苦努力。可是我的老师们却一直对我不放弃，严厉又耐心地教导我。”

在这里，有必要普及几个舞蹈的名词。所谓“擦地”，是指舞者两腿外旋转开，一只脚的脚跟、脚心、脚掌依次离开地面，脚趾向旁伸到最远端，绷紧、延伸，轻点在地板上……

所谓“站一位”，是指双脚平铺地面，脚跟紧挨，成180度，同时上身直立，收腹提臀，大腿内侧外旋，双膝夹紧……这么一站，就是半个小时，啥也不能干……

这些，都是芭蕾舞中最基本的动作，简单、枯燥，是未来获得控制高难度舞姿能力的重要一环。而活泼好动的艳平，又怎么会轻而易举地谙熟这些道理？

那时候，小艳平身在练功房，心却向往着舞台。“怎么还不穿上纱裙子，到舞台上去跳舞啊？”她身体直直地站着，可是一双小手却轻轻地在把杆上敲着鼓点。一不小心让老师给发现了，从此她只能假装专心地在练功。

艳平的天赋好，对动作的领悟力高，还“人来疯”，平时不太用功，考试时却很爱表现。一次期末考试，舞蹈学校所有的老师都来观摩，站在中间的是平时成绩最好的学生，艳平被安排在最旁边的位置。她却特别用心地做动作，一鸣惊人，拿到了最高分。

在公布成绩的那天，带她的王樯老师问同学们：“你们猜这次考试谁考得最好，得了五分？”当念到“王艳平”的名字时，艳平吃了一惊，简直不敢相信，之后又有些不好意思。

王樯老师送给艳平一句话：“如果你每一天都能像今天这么表现，你一定能成为一个大明星。你想成为最好的芭蕾舞演员，就要从‘擦地’开始。”就在那一刻，“啪”地一下，艳平被点醒了，突然懂事了。吃不了苦，没经过刻苦的努力和训练，又怎么能成为一个优秀的舞蹈演员呢？

也正是从那时起，艳平开始学习吃苦，她将自己当成丑小鸭，期待着有天变成白天鹅，只不过这蜕变的方式，并非不切实际的梦想，而是脚踏实地的努力。

被雕塑出来的白天鹅

王艳平总说，她是一只被“老师精心雕塑出来的”白天鹅。

艳平在北京舞蹈学校学习芭蕾的那些年，她说，唐秀云老师对她的要求特别严格。

“艳平，你的腿怎么像墩布一样啊？太不好看了！”

“艳平，你的手能不能再伸长一点？”

“艳平，你能不能美一点，再美一点？”

……

和恩师唐秀云在一起

艳平所在的舞蹈班有十三名学生，但每天上课，唐老师的目光好像都是放在艳平身上，精心地指导，用心地栽培。

有的时候，艳平也觉得委屈。殊不知，唐老师经常在背后表扬艳平。唐老师深知，作为芭蕾舞演员，艳平的条件非常好，只有用最高的标准要求她，用最严苛的态度塑造她，才能使这株幼苗成材。

1982 年，艳平赴美国演出，这也是她平生第一次出国。然而，穿惯了练功服的艳平没有一身漂亮衣服。

美丽的“白天鹅”，没有靓丽的羽毛相称，那怎么行？于是，唐老师自己出钱买丝绸，亲手给心爱的弟子做了一套出国穿的衣服。粉白相间的衬衫和裙子，有着别致的泡泡袖、俏丽的腰带……艳平穿在身上，感受到自己被满满的爱包裹着。

“是我的恩师，帮助了我，重新雕刻了我，她对我要求最多，批评最狠，这是因为她特别爱我，希望我成才。”

果然，毕业的时候，艳平成为班上唯一一只“白天鹅”。她深深感受到唐老师对她的良苦用心。

艳平非常感激她的两位启蒙老师王樯和唐秀云，前者用一句“你想成为最好的芭蕾舞演员，要从‘擦地’开始”，点醒了她，后者用苦口婆心的教导和看似不近人情的批评，造就了舞蹈学校最美丽的“白天鹅”。

如今，被艳平视为“伟大”的唐老师依然在教舞。每一次艳

王艳平扮演的白天鹅

平见到恩师，都会激动地拥抱老师，“我的父母给了我生命，您给了我人生”。

“我们的人生，痛并快乐着”

有一则广告图，图上是一双芭蕾舞演员的脚，一只穿着洁白的舞鞋，美丽、高雅，另一只光脚，瘦削、畸形、伤痕累累……旁边有一行字，“我们的人生，痛并快乐着”。

王艳平十一岁进舞蹈学校，正赶上“文革”后期，几乎是半军事化管理，每天早晨五点半起床跑三千米、做早操，之后吃早饭，上午四节课都是跳舞，下午学点文化课，晚上继续练功，十点睡觉……全天下来没有多余的时间。

每天清晨，在北京舞蹈学校都会见到这样的场景：一群朝气蓬勃的年轻人，腋下夹着脚尖鞋，手拿着馒头，馒头里夹着腐乳和咸菜，左咬一口，右啃一口，从食堂赶着去练功房上课。

舞蹈是高体能训练，营养要跟得上。然而，20 世纪 70 年代，中国经济落后，物质条件匮乏，舞蹈学校的伙食是每顿饭十个人一桌，两荤两素的大锅菜，菜也无非是白菜炖土豆之类的。这在当时的环境下，吃的已经相当不错了，像艳平这样的舞蹈学校学生，每月伙食费是二十五元，在当时已经是最好的了，但对于每天承受高强度训练的舞者，显然是不够的。

王艳平（左二）主演的芭蕾舞剧《女子四人舞》

有的时候，艳平为了练动作，在练功房多耽搁了一会，错过了饭点，等她赶到食堂以后，发现所有的菜和汤都已被一扫而光了，只剩下白米饭和馒头。她便默默地干吃米饭馒头，那时候艳平一门心思刻苦训练，经常到了废寝忘食的地步。

作为一名学生，艳平每月的生活费只有家里寄来的十块钱。

正处于长身体阶段的她，那时候最奢侈的零食就是菠萝罐头。每次，艳平会花五分钱坐公共汽车到珠市口，买完日用品后，再去买一瓶菠萝罐头当宝贝一般捧回来，先闻闻菠萝香，再喝甜汤，最后再吃果肉，美得如同过节……

那个年代，舞蹈学校的练功房里不但没有空调，就连电扇也没有，更没有瓶装矿泉水。一堂课下来，学生们练得汗流浃背，只能排队去厕所，就着水龙头喝自来水，一灌一肚子，再顺便洗洗脸，冲冲凉。

那时，艳平和同学们的"解暑圣品"，就是三分钱一根的冰棍。看到卖冰棍的推着一个木箱，用被子捂着冰棍，她们也一次买几根，吃一根，另几根放在枕头下，再压上被子。这样上完课还可以"享受"一下，要嘴馋，她就把冰棍在奶粉里搅一搅，沾些奶粉，好像在吃奶油冰棍了。

一上台，"一切问题"都要变成"没有问题"

蜚声世界的芭蕾舞大师乌兰诺娃将芭蕾称为"一门残酷的艺术"。

人人都艳羡芭蕾舞者的优雅光鲜，可有谁看到，她脱下舞衣后的满身伤痛。用稚嫩的足尖，撑起世界，本就多少有违常理，知其难为而为之，"白天鹅"的人生，哪儿那么容易复制？

在舞蹈学校的日子里，艳平和同学们每天要练三遍功，一个动作要练几十遍、几百遍，日复一日，年复一年……艳平的脚和膝盖不知受过多少次伤，膝盖的半月板损伤后，常疼得下不了楼梯，不能下蹲；脚趾甲不知掀裂过多少回，鲜血浸红了舞鞋，走路一瘸一拐，有时伤痛难忍，眼泪在眼眶里打转，还把练功坚持到底。

一次在课上，艳平突然大腿脱臼了，钻心的疼，却不想请假，

王艳平主演的芭蕾舞剧《堂吉诃德》

十七岁时刚从舞蹈学校毕业的王艳平

和舞伴演绎拉赫玛尼诺夫的前奏曲

硬咬着牙抬腿做动作，挨到下课才去治疗。像这样的伤痛，艳平已经习以为常了，有一天，午休时，她迷迷糊糊要入睡，朦朦胧胧中听到有同学小声称赞她，“艳平真能吃苦，大腿脱臼了还坚持练功”。

舞蹈是什么？是把美呈现给别人，把苦留给自己。

你可能腰扭了、岔气了，脚上的老茧又翻起来，血肉模糊……但只要登上舞台，就要把一切忘却，化为优雅轻巧的凌空一跃……

艳平在老师的教导和鼓励下，已经暗暗下了决心，把舞蹈当成了神圣的事业，要当个最优秀的舞者，成为最美的白天鹅。

第一次登台跳白天鹅，艳平准备了很长时间，本来胸有成竹。可是上台前，她偷偷望了一眼台下，黑压压坐满了观众，顿时慌了。老师走过来问她怎么了。

“老师，我太紧张了，我腿直打战，我跳不了。”

“怕什么，”老师接着开玩笑说，“你就当台下都是土豆啊，大白菜！”

也真是怪了，听了老师的话，艳平真的平静了下来，在脑子里又过了一遍开场动作后，在音乐的引导下，轻盈地奔上台去……

对于一个合格的舞者来说，舞台最神圣，一上台，“一切问题”都要变成“没有问题”。

“舞蹈带给我的最大收获，就是无论多么难受，还得笑，还得神色轻松，”王艳平说，“舞者只需要把美和优雅呈献给观众，至于所有的苦，自己尝就行了，不用告诉别人。”

终于，艳平闯过了一个又一个难关，成为她那一届最优秀的学生。“我热爱这门艺术，决心为它奉献一切，如果让我一两天不跳舞，我就会难受得坐立不安。”

舞台上的“疯姑娘”

十七岁的时候，王艳平从舞蹈学校毕业，进入了舞蹈学校办的芭蕾舞团，后来又进入中央芭蕾舞团，一场又一场的演出和排练，是她生活的全部。

王艳平（中）与美国休斯敦芭蕾舞团演员在一起

那时的日子，艰苦但快乐。艳平和伙伴们，坐上火车，一走就是一两个月，从一座城市奔到另一座城市，从一个剧场转战另一个剧场，演了一场又一场的《天鹅湖》《吉赛尔》《睡美人》《堂吉诃德》……

那时的中国，经济并不发达，基础设施也比较落后，大多数城市的剧场，往往是下午放电影，晚上演剧目。艳平记得，在等待演出的下午，她和伙伴们就在剧场的银幕后面，躺着看电影，只是看到的影像都是反着的。

每当回首这段生活，艳平总觉得自己是幸运的，良好的艺术天赋、出众的身体条件，还有她的老师们不计辛苦的培养，终于使她脱颖而出，成为团里当之无愧的台柱子，《天鹅湖》中的白天鹅、黑天鹅，《堂吉诃德》中的吉特莉、《睡美人》中的公主、《吉赛尔》中为爱疯狂的姑娘……她塑造了一个又一个优雅动人的艺术形象。

走了脑，还走了心

那时候，观众都说，看王艳平跳舞真是过瘾。

1986 年，中央芭蕾舞团赴美国巡回演出，艳平是演出团的主要演员。邀请中芭赴美的大使基金会聘请了一位沃斯女士，担任巡回演出团的随行摄影师。

沃斯女士十分喜爱艳平，经常用镜头对着她，咔嚓咔嚓拍个

王艳平演绎的吉赛尔

不停。“她真可爱，我拍了不少她的照片。”每次沃斯这么说，艳平总是羞涩地扮个鬼脸。沃斯说，艳平有着极好的身材和容貌，“如果她不跳舞，一定可以做个好模特”。

不过，王艳平并没有拘泥于天生良好的身体条件，而是一丝不苟、孜孜不倦地学习，终于掌握了现代芭蕾舞的表演特点。她不仅舞姿抒情优美，表演上也能充分表达内心的艺术感觉。

当年在中芭，艳平塑造角色的能力很强，这是通过细致的观察和体验得来的。《天鹅湖》被公认为是最美的芭蕾舞剧，艳平初次扮演剧中女主角白天鹅奥杰塔时，根本没见过天鹅，自然也不理解每个动作的含义，只能全靠老师口传心授。

俗话说，师父领进门，修行在个人，一个没有主动创作欲望的演员是不会有大出息的。通过排演，艳平很快爱上了白天鹅奥杰塔这个角色，只是，剧中的白天鹅有一个用嘴蹭肩的动作，真的天鹅是这样的吗？

为了搞清这个问题，艳平去动物园，伫立在水禽湖边留心观察。她看到雪白的天鹅在湖面上自由自在地游着，不时地歪过头，用嘴蹭蹭翅膀，梳理洁白的羽毛。艳平眼睛一亮，一下子开了窍，从此在表演这个动作时内心有了更加充实的感觉。

那次在动物园，艳平没能看到天鹅飞翔的样子，但有一次看电视，荧屏上突然出现飞翔的天鹅，仅仅是一刹那，艳平却把它深深地印在脑海里了。第二天练功的时候，她对着镜子反复练习，

1980 年，赴英国演出期间，和舞伴在伦敦街头

尽量使手臂上下波动时再轻盈些、再柔软些，以表现天鹅在空中悠然飞翔的姿态。

“哈尔滨的明珠”

王艳平常说自己很幸运，因为芭蕾舞，她成了一个懂艺术、会审美的人。在长达十几年的舞蹈生涯中，她听的是古典音乐，跳的是《天鹅湖》《吉赛尔》，穿的是华美的古典服装……这

1985 年，和芭蕾舞大师努里耶夫在一起

些都很好地塑造了她的艺术品格。

古典艺术，融入到了艳平的血液中，成为她生命的一部分。她对芭蕾深深的爱和艺术的领悟力，表现在了每一次排练和演出之中。

当时，艳平在中芭有个绰号——“舞台上的疯姑娘”，这个绰号是英国芭蕾舞专家弗朗茨给她起的。艳平一上舞台就抑制不住内心的激情，好像整个舞台都是她自己的。用艳平自己的话说，每一次演出，她都能够走进角色，完全忘却自己。

《舞姬》是芭蕾舞中另一颗璀璨的明珠。印度舞姬妮基娅与武士索罗尔相爱，却不知他是公主的未婚夫。在她那负心的情人——索罗尔与公主订婚的仪式上，妮基娅忍着内心的悲痛献舞。出于妒忌，公主在妮基娅的花篮里放了一条毒蛇，舞姬不幸被毒蛇咬中，悲愤而死。

当演到妮基娅被毒蛇咬中将死的那一段，一般演员会直接倒地"死去"，而艳平在扮演妮基娅时，没有按预设的那样一下子倒地，而是在舞台上多转了一圈，将妮基娅临死前的痛苦挣扎表现得更加强烈。当然，随意添加动作，有时候会砸锅，惊得同伴们一身冷汗，但艳平动作处理得真诚自然，充满感情，为剧情增添了更多魅力。

舞剧《吉赛尔》堪称"芭蕾之冠"，美丽单纯的少女吉赛尔与伯爵相爱，却不知对方早已订婚，知道真相后陷入癫狂，崩溃致死……在这一幕中，扮演少女吉赛尔的艳平，一边动情地舞着，一颗泪珠顺着面颊留下来……她把自己变做了吉赛尔。她的表演打动了在场的所有人，连外国专家也睁大了眼睛，"全世界，我也没见过你这样的女孩，跳舞跳得这么投入，这么有激情"。

不过，一个人疯了，又怎么会有眼泪呢？外国专家指出这一点，艳平深以为然，从此艺术表现力又上了一个新台阶。

因为在舞蹈上的造诣，昔日那个看别人跳舞看呆了的小姑娘，被誉为“哈尔滨的明珠”，除了在国内广为观众所熟知，在国际舞台上也颇有影响力。她曾于1982年和1984年分别赴美国和苏联参加国际芭蕾舞大奖赛，取得了好成绩，她还曾去泰国、美国、苏联、英国等国演出，给异国观众留下了深刻的印象。

1979年，在泰国演出

“对于我来说，是芭蕾的训练带给我这许许多多的能量和感悟。舞蹈教会了我一切。有了跳舞的基础，我的后半生，无论做什么，都能吃苦，都能坚持到高标准，都要去追求美的极致。”

只要是学习，什么时候开始都不算晚

“您为什么跳舞？”

“您为什么活着？”

“我不知道，但我觉得我必须活着。”

“这也是我的回答。”

……

这是 1948 年上映的著名电影《红菱艳》中，芭蕾舞演员佩

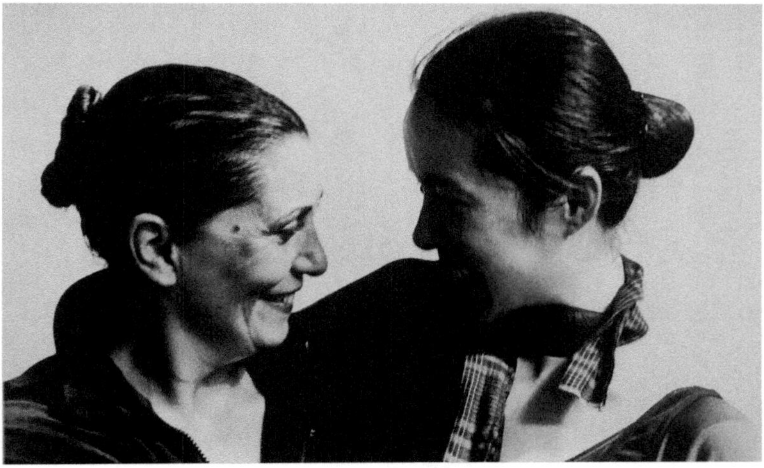

1985 年，赴美国演出期间，与百老汇爵士舞老师在一起

表演西班牙斗牛舞

姬和舞团团长莱蒙托夫之间的一段对话。曾经，王艳平觉得自己就是佩姬——一个爱舞蹈如命、为芭蕾痴狂的女子。

的确，在舞蹈界，艳平是成功的，她被写进百科全书，被文化部评为杰出优秀人才，成了万里挑一的大明星。“文化部评选的杰出优秀人才，来自舞蹈、戏曲、影视、绘画等各个领域，全中国也不过二百多人，中央芭蕾舞团，只有几个名额，我是其中之一。”她说，“80年代初，我每月就能挣二百块钱，算是高薪啦。”

然而，正当事业处于最高峰时，艳平选择去美国留学。她之所以急流勇退，出国深造，是因为她太想提高，太想有新的作品了。“那时候在中央芭蕾舞团跳舞，跳天鹅湖，一跳就是五百场，鲜有新的作品，而我想学现代舞，想跳新的东西。”

然而，造化弄人，艳平为舞蹈去了美国，但她没想到的是，也正是在那里，舞蹈竟在她的生命里渐渐淡出、逐步隐去了……

20 世纪 80 年代，在练功房练习表演　郭大公摄

时至今日，艳平还会经常聊起老电影《红菱艳》，目光中透着一丝千帆过尽的感慨和淡然。影片中，本有着大好前程的舞蹈新星佩姬与作曲家朱利安相恋，陷入爱情与事业的矛盾之中，最终选择离开舞团。当她因无法承受舞蹈的巨大魔力和诱惑力，打算重返舞台时，换来的是丈夫朱利安的拂袖而去……

“沉迷于爱的空虚情绪中，绝对不会成为一个舞蹈家，永远不会。”影片中的莱蒙托夫说。

爱情与舞蹈，真的如鱼翅和熊掌，难以兼得？对于艳平，这个问题的答案恐怕是肯定的。

1987 年去纽约时，艳平只有二十五岁，正处于跳舞的黄金年龄。她并非没有出路，美国国家芭蕾舞团蜚声世界，但她选择了放弃，因为她面临着与佩姬同样的难题……那时，艳平已经有了先生，两人很相爱，但对方不愿她进团跳舞，因为那样的话艳平就要经常去其他城市演出，两人便无法长相厮守了。

与佩姬不同的是，艳平决定尊重先生的意见，告别了专业芭蕾舞演员生涯。“爱情和事业，我选择了爱情，我并不后悔。美的东西都是短暂的，舞蹈就是吃‘青春饭’，早晚要结束，只不过我结束得早了一点，但那又有什么呢，我的人生就是这样的。”

20 世纪 80 年代末在美国演出时的王艳平

但是爱舞如艳平，又怎么忍心将舞蹈从自己的生命里完全地剥离出去呢？虽然不能进专业的芭蕾舞团跳舞，但她可以参加课程，去百老汇学习现代舞、爵士。从那时起，舞蹈对于艳平而言，不再是工作或任务，而是一种情感的抒发和心灵的寄托。

然而，美国在带给艳平浓郁的艺术氛围和自由发挥的空间的同时，也使她感受到一种强烈的孤独感和无力感。艳平在国内，无论是排练、演出，甚至是生活都有人安排，在美国，她好似走进一片沙漠，没了根。

在电视剧《北京人在纽约》中，有一句经典台词：“如果你爱她，带她去纽约，因为那里是天堂；如果你恨她，带她去纽约，因为那里是地狱。”对于20世纪八九十年代的中国人而言，美国还是个遥远而陌生的国度，自由女神冷傲的目光，注视着一批

1985年，赴美国演出期间，与美国友人在一起

又一批的寻梦人涌来，又看着一批又一批的“淘金者”铩羽而归。

20 世纪末的中国，国力并不强大，旅美华人华侨经常被漠视甚至歧视。艳平每天上舞蹈课，便深有体会。一个白人老太太，跳得特别丑，老师“真美、真美”地称赞，艳平舞得轻盈优美，却被视为空气。“这没有办法，在美国，华人毕竟是少数群体。而且那时候中国还不够强大，现在中国强大了，一切也就不一样了。”

在美国的三年，王艳平更加强烈地感受到什么是“独立”和“奋斗精神”。昔日的舞蹈明星艳平，放下身段，从零开始，却依然保持着“做什么都要做到最好”的冲劲儿。她一边上课，一边打工，“在美国，每个人都得打工，这太正常了，带孩子、包外卖。哪怕是总统的儿子，也得打工，不像中国有些‘富二代’，有钱就可以什么都不做。在美国，没人惯着你。”

艳平说，美国让她懂得的另一个真谛，是学习的重要性。也正是从那时起，学习，成了艳平一生中持之以恒的事情，即使不上课，她也会去听歌剧、看展览，将自己变成一块海绵，不断地吸取养分。

“不管多大岁数，都有进步的空间。只要是学习，什么时候开始都不算晚。”

第二章

囍，两个人的舞蹈

清代的
点翠双喜莲花帽饰

“我觉得我和‘囍’就像两块吸铁石，我在找它，它也在找我。‘囍’字孕育着一个家庭的延续，结婚生子，代代相传，预示着美好的祝福和希望，这个字可以带来幸福。”

“我就收‘囍’了”

王艳平爱上“囍”，是在1999年。当时，她在古玩城看到一个玉挂件，上面醒目的“囍”让她眼前一亮。从此暗暗下了决心，“我就收藏这个‘囍’了”。

而在此之前，艳平跟着一帮朋友在古玩市场溜达，已经有了四五年的光景。她对收藏产生兴趣，完全是出于偶然，一次是在家看电视，看到一个外国外交官收藏了一千多把勺子，另一次是在纽约喝茶，看到店主在墙上摆满了各式各样精美的西式瓷壶，这让艳平特别感兴趣，特别喜欢。只是没想到，自己后来也会成为这么一个人！

“如果同一类东西，聚集在一起，往往特别能吸引我的眼球，抓住我的心，也许我天生是个适合做收藏的人吧。”她说。

“我以后就收‘囍’”

有人说，在北京有两个地方永远人头攒动，一个是天安门广场，人们仰着脖子看升旗，一个是潘家园旧货市场，大家低着脑袋寻国宝。

对于老北京人而言，潘家园是个特殊的地方。仿佛全国的文房四宝、古籍字画、玛瑙玉翠、竹木骨雕、皮影脸谱，以及衡水的鼻烟壶、杨柳青的年画、江苏的绣品、东阳的木雕、江西的瓷器、

2009 年，在上海古玩市场

宜兴的紫砂、陕西的青铜……都集中在了这块巴掌大的地界儿。

当然潘家园还是著名的“鬼市”，我们这里所说的“鬼市”，有别于通宵达旦的夜生活，而指的是后半夜开市、天亮就收市、被老百姓称为“三更半夜摆地摊”的买卖。

之所以出现“鬼市”，也是有原因的。相传晚清时期，时局动荡，皮之不存，毛将焉附，于是清廷遗老、破落权贵，便只能靠着变卖祖宗家产维生，但终归曾显赫一时，抹不开面子，只能趁着天未亮，偷偷在街边贩卖。后来，没了王宫贵胄，“鬼市”流传下来，外地商贩们清晨摆摊，藏家们早起“捡漏”，竟成了一景儿。

2013 年，在北京潘家园古玩市场

潘家园的“鬼市”，兴盛于20世纪90年代。也就是从1995年开始，艳平便在一个个乌漆墨黑的清晨，穿上军大衣，举着手电筒，跟着画家毛栗子等一班朋友，到潘家园去“淘宝”。

每个周末，艳平都想去，不去就难受，但完全是瞎溜达，晕头晕脑，看什么都像真的，看什么也都像假的，“好东西”收回家，也觉得是破烂，溜达了两三年，也不知道自己想要什么，就是觉得“好玩”。

人和人讲缘分，而实际上，人和物也是有缘的。1999年，艳平终于找到了她收藏的关键字——“囍”。当时，她在古玩城看到一个玉挂件，上面醒目的“囍”让她眼前一亮，“那感觉不知道该怎么形容，我不是喜欢玉，我就是喜欢这个字，两个‘喜’，不就像两个人在跳舞吗？这简直是中国汉字中最对称、最美的一个字”。

艳平说，看到“囍”，就会有一种发自内心的欣喜涌上来。也正是从那一刻起，艳平的收藏之门打开了，她向朋友们宣布：“我从今以后什么也不收了，我就收‘囍’了。”

收藏幸福

收藏是门大学问，一要有实力，二要有时间，艳平深知，上下五千年，那么多老物件、好东西，不可能都到了某一个人的手里，

清代的景泰蓝“囍”字烛台

所以得知足，只要经济上能承受，自己还能获得快乐，就足够了。

王艳平最初收藏“囍”，没考虑会不会升值、发财，也没意识到自己这么做也是在弘扬传统文化，她只是被这个字的美妙所打动。

从中国汉字的演变过程来看，先有“喜”，再有“囍”，“囍”为“喜”的衍生字。按《说文解字》——这本世界上最早的字典解释，喜，乐也。乐者，五声八音总名。五声，即宫、商、角、徵、羽；八音，为金、石、丝、竹、匏、土、革、木。五声八音囊括了肉声的直接表达和器乐的间接表达，而这一组总和就叫作“喜”，可见古人对喜之重视。

实际上，这是书面解释，于世人而言，远没有那么复杂。中国人素有“喜”字情结，简单的期望，美好的祝愿，化成一个字，那就是“喜”。于是，举行婚礼叫“办喜事”，女人怀孕，叫“有喜”，录取通知书送到学子手中，叫“报喜”，而对于老百姓而言，平平安安、没病没灾、有吃有喝、高高兴兴，就是“喜”。

中国人凡事喜双不喜单，虽说有“祸不单行”，但也有“双喜临门”。宋人汪洙在《神童诗·四喜》中写道：“久旱逢甘露，他乡遇故知，洞房花烛夜，金榜题名时。”传说王安石就是这么个幸运儿，洞房花烛、金榜题名，双喜临门，他便挥毫写下一个“囍”字……

也许，正是从那时候起，“囍”作为一个特殊的文化符号流入民间，无“囍”不婚庆的传统延续至今。有女出嫁，有子成婚，家门口贴个“囍”字，过往的人一看就知道这家人在办喜事，仿佛听几声噼啪的鞭炮声，张望一眼美丽的新娘子，自己也能沾沾喜气。

而实际上，“囍”的意义颇为深远，不光是婚礼上宾客喝彩声中一对璧人的深情一拜，两喜并连，还象征着夫妻互敬互爱、白头偕老。或者说，两喜相加，象征着喜上加喜，一喜为缔结婚姻，另一喜，可有多种解释，或为早生贵子，或为荣华富贵，或为健康长寿。从这一点看，“囍”不仅表达了人们对一对新人缔结婚姻的庆贺，还寄予对新人婚后美满生活的祝福。

这也便能解释，为何在琳琅满目的古玩城，王艳平看到

民国时期的绿地粉彩色花碟双耳“囍”字瓶

“囍”就两眼放光，就想要拥有；似乎有一个使命，要把四面八方的“囍”收集到一处。

于是，在接下来近二十年时间里，她收藏了几千件藏品，从价值不菲的百囍碗，到古香古色的古董首饰，从记录着传奇沧桑的老结婚证书，到蕴含着母亲浓浓爱意的童帽，即使是那些边缘有些磨损的搪瓷罐子、锈迹斑斑的暖壶和不再鲜亮的绣片……上面的“囍”字也彰示着曾经的风光与吉庆，蕴含着或仍存有或已逝去的亲昵与爱恋。

艳平说她很幸运，收藏了众人最幸福的时光。“我觉得我和‘囍’就像两块吸铁石，我在找它，它也在找我。”她说，“‘囍’字孕育着一个家庭的延续，结婚生子，代代相传，预示着美好的祝福和希望，这个字可以带来幸福。”

人与物件之间的缘分

在长春一间不大的古玩店，王艳平端坐其中，她的脸上带着微笑，只不过笑得有些局促。

“你不是去年来过吗？”老板自顾自地扫着地。

“是啊，这回一定得买，我妹妹要结婚了。”艳平答道。

……

“我妹妹要结婚了”是艳平常用的小“借口”，有的时候这么说老板能给一个相对公道的价格。只是这一次，这招儿没灵验，为了买到心心念念一年之久的喜寿罐子，她下了“血本”。

早在一年前，王艳平就相中这个喜寿罐子了，只是谈价时，老板不松口，她也很坚持，就拧上了。后来艳平一赌气，说再想想，转身就走，但在走之前给罐子拍了一张照，回去就设置成电脑桌面，每次一开电脑就能看见。

每当看到这张照片，艳平的心里就别提多难受了，恨不得狠狠地掐自己几下：当初干嘛要讲价呢？纠结了一年，她再一次来到长春，再一次走进这家古玩店……一眼望见架子上的喜寿罐，

2010 年，在长白山天池

她的心定了，却又有点不好意思，好像见到了一位久违的老朋友，思绪万千，却不知从何说起。

最终，艳平用三倍的价格，将“老朋友”请回了家。

吃亏是福，后悔药可是哪儿也买不到的

每次去位于北京东四环的亮马珠宝古玩城或著名的潘家园旧货市场淘宝，王艳平总要先站在大门口打一通电话……

“我一会儿要去你店里转转，最近收到‘囍’了吗？”

“我那个带‘囍’的穿衣镜还在不在？”

“前些天我请你帮我保留的银戒指还在不在？我今天就买，

马上就过去……”

十几年的收藏生涯，艳平不仅囤积了一大批“囍”物，还结识了不少古玩店老板。而对于这些生意人来说，美丽热情的艳平，不仅是回头客，更是有着共同话语的好朋友。

亮马珠宝古玩城四层有家店面，名字颇雅，叫作“润思轩”，店主王先生年纪不大，却从事古玩生意多年。早些年，艳平曾从王先生这里“淘”到一对带“囍”字的石门墩，开开心心地摆在了自家大门口。每次到他店里，甭管买不买东西，艳平总要双手合十，感激一番。她说：“多亏了这些好朋友，我才收到了这么多的‘囍’”。

2009 年，与一儿一女在内蒙古草原

“你今天真漂亮，生意怎么样？”“咱俩真是有缘分，我转来转去，又转到你的店里”……每次遇到相熟的女店主，艳平总会亲热地走上去，拉住对方的手，嘘寒问暖一番，甚至在价格上也会略微谦让一下。一次，两个老银戒指，店主开价四百，艳平一分不还，“我看她脸色不好，如今古玩生意不好做了，让她多赚点吧，而且这两个银戒指挺漂亮的，挺有民国范儿”。

在北京古玩城做生意的谢女士，已经从事刺绣生意三十多年了，艳平收藏的“囍”绣片，很多是从她的店里淘来的。一次，艳平听谢女士说，一家博物馆从她店里买走了一大批“囍”绣品，艳平惋惜得直跺脚：“哎呀，我快哭了，你怎么不提早告诉我？”

艳平寻思，什么时候得请谢女士吃顿饭，以便及时获得第一手的“囍”信息。因为，对于艳平来说，与心爱的“囍”失之交臂，那滋味太难受了。正所谓，吃亏是福，而后悔药可是哪儿都买不到的。

一次，艳平逛潘家园，因为去早了，常去的那家古玩店没开门，她便扒着门缝看了几眼，暗暗记下相中的几件带着“囍”字的宝贝，就到别处溜达去了。没想到，回来一看，一个老板模样的男子，“我要这个、这个，还有那个”，准备把艳平看中的东西全部买走，旁边站着个助理，正在数钱。

艳平急了眼，冲到老板面前，张口就问：“您买这些干什么啊？”

“你管这么多干嘛？”老板一脸诧异。

“那您给我个地址，我找您去。”艳平不依不饶。

“你找我干嘛啊，你这个人真是。”老板甩甩手，带着助理走了，留下艳平一脸悲戚。

“这人是开餐厅的，买这些‘囍’是为了做店里的装饰，你不要难过了，我再帮你去收。”古玩店老板安慰艳平，但艳平依然惋惜不已。

“那一刻，我太难受了，仿佛失去了心爱的东西，我觉得自己胳膊疼、割肉一般。我真想追上他们，把东西买回来。”好几年后，艳平想起这件事还是懊悔不已。

艳平说，人和人之间讲究缘分，人和物件之间也是如此。有

在古玩城　姚大伟摄

的时候，她能从一大堆瓶瓶罐罐之中，发现一对嵌着细小“囍”字的耳环……艳平和“囍”的缘分，有时候令她自己都大吃一惊。

王艳平在一个拍卖行的网站上看到一件藏品，是一只清末绘有一百个囍的青花瓷碗，品相极佳，艳平激动得睡不着觉，但举行拍卖的当天，她要去非洲。在非洲的九天，艳平每天都想着那只“百囍碗”，一想到碗可能被人拍走了，她就悔得捶胸顿足。

回到北京后，艳平下飞机后的第一件事，就是上网看碗，果然“百囍碗”已经物有其主。艳平心凉了半截，却也不甘。她打电话给拍卖行，希望加钱买回这个“心头好”。也许是因艳平出的高价而心动，也许是被她的执着所打动，买主竟然同意转卖……

那一刻，艳平高兴得几乎蹦了起来，觉得自己是这世上最幸福的人，“怎么想什么，就得什么呢？这是多大的缘分啊”！

一路风景，一路故事

慢慢地，朋友们都知道了艳平这个独特的爱好，纵使金山银山，不如赠她一个“囍”。

于是，“艳平，有‘囍’了”“我买了个‘囍’给你”“找了个‘囍’，我送给你”……每当听到这些温暖的话语，艳平都会感到满满的幸福。

然而，不是所有的好事都会从天而降，大多数的“囍”，还得艳平亲自用眼去找，用腿去遛，用心去感应。收藏有诸多境界，一掷千金算一种，持之以恒算一种，王艳平显然属于后者，要不怎么全国各地的古玩城、旧货场、古董店，甚至胡同民巷、田间地头，都成了她“淘宝”的目的地？

这些年，艳平为了寻“囍”，可没少下功夫。北上呼伦贝尔、东北三省转一圈，南下苏杭来一圈，河西走廊走一走，四川、重庆转一转……每次出发，艳平都会先在网上查一查当地古玩城的地址，做个简单的计划，然后，带上一儿一女，约上个把好友，就开始漫漫淘宝路。每到一座城市，最先去的是古玩城，在里面转悠，不放过每一个摊位，用心地寻找着。直到确信没有“漏网”的了，她才依依不舍地离去。

在找“囍”的日子里，艳平如同着了魔，睁眼是“囍”，闭眼是“囍”，做梦都能梦到“囍”，有时候，是琳琅满目挑花眼，有时候，是众里寻他千百度，还有的时候，是无心插柳偶得之。

一次，艳平在大理，看到一位大娘在河边洗菜，搪瓷盆上一个鲜明的“囍”，是她没见过的款式。

艳平急忙上前：“这盆您卖给我吧。”

“我都用了四五十年了，不卖。”大娘说。

“那我再加点儿钱。”

“加钱我也舍不得呀，这盆我用习惯了，用出感情来了。”

……

大娘是真固执，艳平又是真喜欢，最终，旁边开餐厅的老板看不下去了，帮着劝说，艳平才如愿以偿。她把搪瓷盆捧在怀里，如同捧着一个有生命的“活物”！

借着收“囍”，艳平走遍了大半个中国，每次一跑就是三个星期，既收了“囍”，余下的时间顺便游了山水、品尝当地美食。她对于这种收藏方式十分“上瘾”，以至于每隔几个月，她就筹划着去哪儿转一圈。

2009 年，与一儿一女在四川九寨沟

不过，有幸福就会有烦恼，一路上，艳平精打细算，节约开支，遇到六七个小时的大堵车，就在车里啃干粮，走到消费水平较高的大城市，就住快捷酒店……此外，她还将每次旅行交了多少路费，用了多少汽油，住了什么酒店等等记录在一个小本子上，权当写“驴友日记”了。

2009年的一次旅行中，艳平一行驱车来到四川贡嘎山。当时天色渐暗，她们的车一头钻进一条长隧道，开了十公里，也看不见出口，这下，她可真心慌了，生怕会有意外，吓得眼泪直流。等出了隧道，艳平说她哪儿也不去了，明天就回北京。当晚，一行人在一间特别破旧的乡村小旅店住下了。没想到，第二天拉开窗帘一看，一座美丽的雪山映入眼帘……看到窗外的美景，艳平当即改了主意，她开心地说：“太美了！咱们一定要多住几天再走！”

有的时候，艳平还会遭“冷遇”。一次在大连，一家古玩店的店员看着艳平，不怀好意地说：“这社会真是进步了，美女也搞收藏了！”还有一次在山西，艳平刚走进一家古董店，就看见四个男人正蹲在一起窃窃私语，中间是一个似乎刚从地里挖出来、还裹着新鲜泥土的“宝贝”……四个男人看见进来个外人，立刻瞪起眼睛，目光犀利如刀子，吓得艳平赶忙退了出来。

“如今收藏界，还是男人的天下，女人搞收藏的很少。有的时候，古董店老板看你的眼神并不友好，似乎你就不应该进这个

生活照

门，或者只是随便逛逛。”艳平说。

话说玩古董，也是看人下菜碟儿，“小白”不小心说了句外行话，懂行的人一听就心知肚明，自然不会把好东西从保险柜里请出来给你看，因为你没那么专业，看了也是白看，所以不费那个力气。

收藏是门大学问，什么叫“上手”，什么叫“打眼”，什么叫“走宝”，什么叫“捡漏儿”，什么叫“有一眼”，什么叫“拦一道”……甚至于，怎么拿古董，也有讲究，比如一个杯子，外行会直接端起来，而行家会一只手伸进杯口，一只手小心翼翼地托着，下面还得有个托盘，以防止杯子掉地摔破。

对于这些技能，艳平只能勤摸索、多学习。除了多向收藏界的朋友请教，她还专程去进修课程。2014 年，她参加了北京大学古代艺术与收藏鉴赏高级研修班，后来又去中央美院学习西方艺术史。艳平学得格外认真，老师们都说，班上唯一一个没有迟到早退记录的，就是王艳平。

“与以前相比，我的专业技能强了不少，但我在选择藏品时，还是不愿意过多地考虑年代和价值，”艳平说，“我收藏的是专项，只要是带‘囍’的我都收。在我看来，我的每一件藏品都是精美的，即使是赝品，也有着独特的气质和美感。”

第三章

囍，令人心生欢喜的甜蜜

清末的
点翠“囍”字簪

自古以来，男婚女嫁、洞房花烛，乃人生一大幸事。时光荏苒，岁月流逝，当初凤冠霞帔、妩媚含羞的俏新娘早已不见，唯独留下来那些带“囍”的老首饰，给世人留下无限遐想的空间。

爱的凭证

人常道：一个男人给予一个女人最大的承诺，就是娶她为妻。而这个承诺，空口无凭，唯一的凭证，便是结婚证。

这样的“爱的凭证”，王艳平收藏了六百多张。

浏览艳平收藏的结婚证书，如同阅读一部近代史。无论是美不胜收的民国结婚证，还是中华人民共和国成立后打上鲜明时代

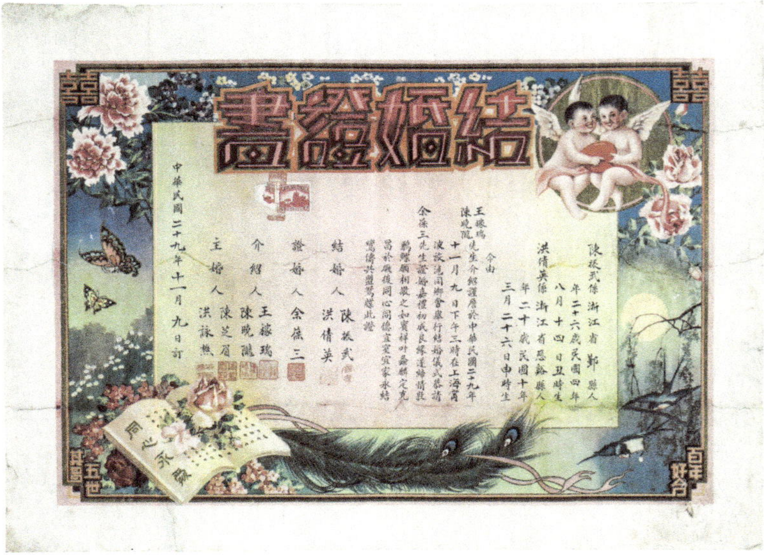

民国时期的结婚证

烙印的结婚证，以及进入新世纪后返璞归真的结婚证……有素有艳，有繁有简，文字、花色从未趋同，唯有红彤彤的“囍”是始终不变的交集，也是幸福最简单而纯粹的表达。

明媒正娶，是隆重，更是感动

有人说，民国是一个有气质的年代。穿越回那段岁月，你会看到，“合肥四姐妹”撑着雨伞，走在江南的青石板上；你会看到，林徽因坐在窗前，纤纤玉手写下“人间四月天”；你也会看到，十里洋场，陆小曼低吟燕舞，是一道“不可不看的风景”……

这就是民国，人们接触到了新派思想，但依然有着“折梅寄江北”的老派情怀。这一点，也扎扎实实地体现在了艳平收藏的民国结婚证上，新人想要幸福，结婚证印制者也乐于帮忙，于是将戏水鸳鸯、龙凤呈祥、国色天香，都用来恭贺新人。

中国近代发展史上所有的变化都表现在结婚证上，这使得每个时期的结婚证都各有特征。

民国结婚证，是精美绝伦的，材质除了纸质外，还可以用丝绸、绢质、布艺。民国结婚证的底色，普遍不采用正红，而是多为粉红，粉扑扑如婴儿的肌肤、少女的脸蛋儿，再画上牡丹、凤凰、喜鹊、鸳鸯、天使等吉祥图案，透着生活的美满、富贵、吉祥。

底色为粉红，并不意味着民国结婚证缺乏隆重感。民国结婚证的一大特点是尺寸较大，普遍比八开纸还要大，有的婚书长达一米。从右向左书写的竖排文字，不仅要记录新郎新娘的姓名、籍贯、出生日期，还要填写曾祖、祖、父三代姓名以及介绍人、证婚人、主婚人的姓名等。

例如，艳平2009年在扬州收的民国老结婚证书，右上角，桃花枝头，一双喜鹊双宿双飞，左下角，莲花溪中，一对鸳鸯喃喃细语，竖排小楷整洁、娟秀，令人心生暖意。

相比之下，艳平2008年在沈阳收的一张婚书，则显得更加庄重、大气。这张结婚证书，印有中国国民党党旗和中华民国国旗，边框以龙凤相对，饰以牡丹花卉，底部配为鸳鸯戏水图，色彩更为浓郁、厚重。

特别值得一提的是，民国时期的结婚证上的证词，古朴、唯美、浪漫，令人感动得想哭：

行看花好月圆欣燕尔之，将咏海枯石烂指鸳侣而先盟此约。

嘉礼初成，良缘遂缔，情敦鹣鲽，愿相敬之如宾，祥叶螽麟，定克昌于厥后，同心同德，宜室宜家，永结鸾俦，共盟鸳牒，此证。

从兹缔结良缘，订成佳偶，志同道合，早经牢系赤绳，意洽情投，行看永偕白首，花好月圆，欣燕尔之，将咏海枯石烂指鸳侣而先盟此约。

結婚證書

王永泉係山東省[illegible]縣人
二十五歲一九二五年十月十日巳時生
張啟芳係河北省安國縣人
三十歲一九二〇年正月初六日卯時生
今由
劉[illegible]新
王東昇先生介紹謹詹於
公元一九五〇年八月二十一日正午
十二時在濟南大華飯店
舉行結婚典禮恭請
榮鳳翔先生證婚兩姓聯姻一堂締約
良緣永結匹配同稱看此日桃
花灼灼宜室宜家卜他年瓜瓞
綿綿爾昌爾熾謹以白頭之約
書向鴻箋好將紅葉之盟載明
鴛譜此證

結婚人 王永泉 張啟芳
證婚人 榮鳳翔
介紹人 劉某新 王東昇
主婚人 王注東 張瓘祥

公元一九五〇年八月廿一日謹訂

中华人民共和国成立初期的结婚证

两姓联姻，一堂缔约，良缘永结，匹配同称，看此日桃花灼灼，宜室宜家，卜他年瓜瓞绵绵，尔昌尔炽，谨以白头之约书向鸿笺，好将红叶之盟载明鸳谱，此证。

……

如此证词，诗情画意，将绅士淑女间婚姻契约的郑重其事展现到了极致。对于一切从简的现代人而言，旧时代的明媒正娶，是烦琐，也是隆重。

无聘无媒　时代成“红娘”

传统上，中国人谈婚论嫁讲究父母之命，媒妁之言，任由你是学富五车、家财万贯的官家子弟，还是沉鱼落雁、品貌兼备的大家闺秀，都做不了自己婚姻的主。甚至于直到洞房花烛夜，秤杆挑落红盖头的那一刻，你才会知道那个将与你相伴一生的人到底是什么模样。

1949 年，中华人民共和国的成立，使得青年男女寻找自己的婚姻幸福成为主流。正如 20 世纪 50 年代的评剧《刘巧儿》中，美丽聪慧、敢爱敢恨的巧儿所唱的：“巧儿我自幼许配赵家，我和柱儿不认识我怎能嫁他？我的爹在区上已经把亲退，这一回我可要自己找婆家！上一次劳模会上我爱上人一个，他的名字叫赵振华，但愿这个年轻人他也把我爱，过了门，他劳动，我生产，又织布，纺棉花，我们学文化，他帮助我，我帮助他，争一对模范夫妻立业成家。”

自由恋爱，无聘无媒，时代成了“红娘”，成就了一对又一对新人的美好姻缘。而结婚证上那红彤彤的“囍”，也因为自由的结合更显得光彩夺目。

从艳平的收藏来看，建国初期的结婚证书虽然还是会采用戏水鸳鸯、喜鹊登梅、龙凤呈祥、并蒂莲花等元素，但内容已经简洁了不少。渐渐地，结婚证书不再突出主婚人、证婚人，而是强调新人自由结合、互敬互爱的意愿，不得不说是社会极大的进步。

中华人民共和国成立初期的结婚证，除了喜庆，还有生机，版式多采用国旗、五角星、和平鸽、鲜花、齿轮和麦穗等，不少证书四周还画有高粱、彩带，以及金色的田野、密集的厂房，高耸的烟囱等。一张小小的结婚证书，也能表达饱经战乱的中国人对和平的热爱，以及对繁荣的追求。

而到了“文化大革命”时期，结婚证书又有了明显的变化。粉嘟嘟的鸳鸯换成了五星和向日葵，牡丹花变成了毛主席头像，殷殷祝福语也换成了伟大领袖的最高指示……

在艳平收藏的一张1967年的结婚证书上，粉色的底衬上，黄澄澄的向日葵、红旗、五星唱了主角。结婚证红色的封面上，是一句“毛主席语录”：“我们应该谦虚，谨慎，戒骄，戒躁，全心全意为中国人民服务……”封底是摘自婚姻法的一段话：“夫妻有互爱互敬、互相帮助、互相抚养、和睦团结、劳动生产、抚育子女，为家庭幸福和新社会建设而共同奋斗的义务。”

在艳平收藏的“文革”时期结婚证书中，绝大多数都极具政治色彩，仿佛那不是一张张宣示爱情的证明，而是一个个向最高领袖表忠心的凭证。

在另一张结婚证书上，正面为大红色，上方为毛主席像，配有“敬祝毛主席万寿无疆！万寿无疆！”封底是宣传标语：“永远忠于伟大领袖毛主席！永远忠于战无不胜的毛泽东思想！永远忠于毛主席的无产阶级革命路线！”

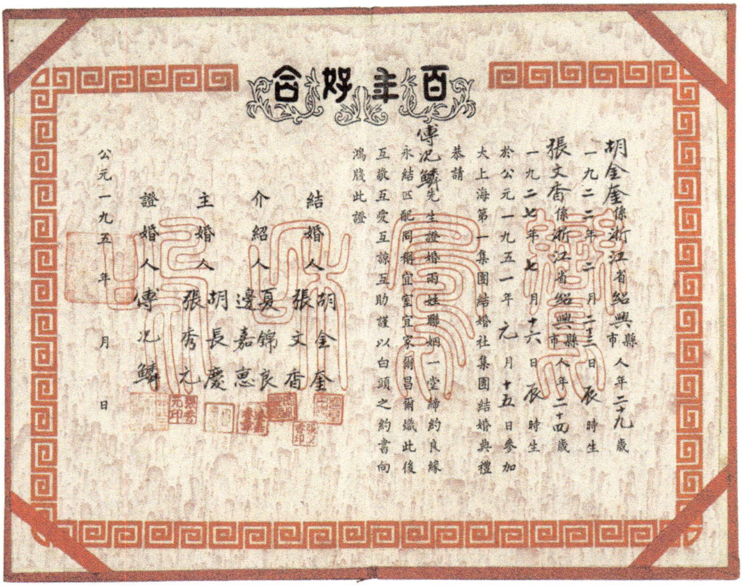

百年好合

胡金奎係浙江省紹興縣市人年二十九歲
一九二二年二月二十三日辰時生
張文香係浙江省紹興市縣人年二十四歲
一九二七年七月十六日辰時生
於公元一九五一年元月十五日參加
大上海第一集團結婚社集團結婚典禮
恭請
傅沉鱗先生證婚兩姓聯姻一堂締約良緣
永結匹配同稱宜室宜家爾昌爾熾此後
互敬互愛互諒互助謹以白頭之約書向
鴻牋此證

結婚人 胡金奎 張文香
介紹人 夏錦良 邊嘉惠
主婚人 胡長慶 張秀元
證婚人 傅沉鱗

公元一九五 年 月 日

中华人民共和国成立初期的结婚证

而打开结婚证，最高指示“要斗私，批修”几个字最为醒目，上方被“大海航行靠舵手，干革命靠毛泽东思想”占据着，只有页面下方才是“结婚证”三个字和婚书的正文，总共所占面积不过内页的二分之一。

畸形的时代，畸形的结婚证书，当然还有畸形的婚礼。“文革”时期，婚礼都是在晚上举行的，因为白天要用来“干革命工作”。婚礼的程序也十分模式化，新郎新娘要共唱《东方红》或《大海航行靠舵手》，学两段毛主席“最高指示”，然后向毛主席像三鞠躬……之后才能向宾客分发喜糖、接受祝福。

当然，更不用说在那个特殊的年代，因为所谓的阶级不合、路线有异，多少佳偶反目成仇，多少夫妻相互揭发。婚姻，好比战场，“囍”的红色，也似乎变了颜色。

每个时代，都值得铭记

在王艳平看来，每一张结婚证都是一本书，也许一张两张不起眼，但当它们汇集在一起，就是一部中国近现代发展史，反映了时代的演变和人民生活的变迁。

1976年10月6日，一个划时代的日子，标志着十年动乱的结束，预示着一个全新的发展时期的到来，小小结婚证，再次成为承载人们对美好生活向往和追求的载体。

从艳平收藏的结婚证书来看，“文革”后四十年间的结婚证书，虽然在内容、尺寸、样式、包装上不断变化，但简洁、现代、国际化成为发展趋势，体现了当代青年男女朝气蓬勃的精神面貌，也突出了结婚证作为重要证件的法律效力。

20世纪80年代初，计划生育被列为基本国策并写入宪法，同时也成为不少版本的结婚证上的重要元素，可谓是彰显了一大时代特色。

在艳平收藏的80年代的结婚证中，“勤俭节约、计划生育”等字样出现在了不少结婚证的封底位置上，甚至于有的还要颇费

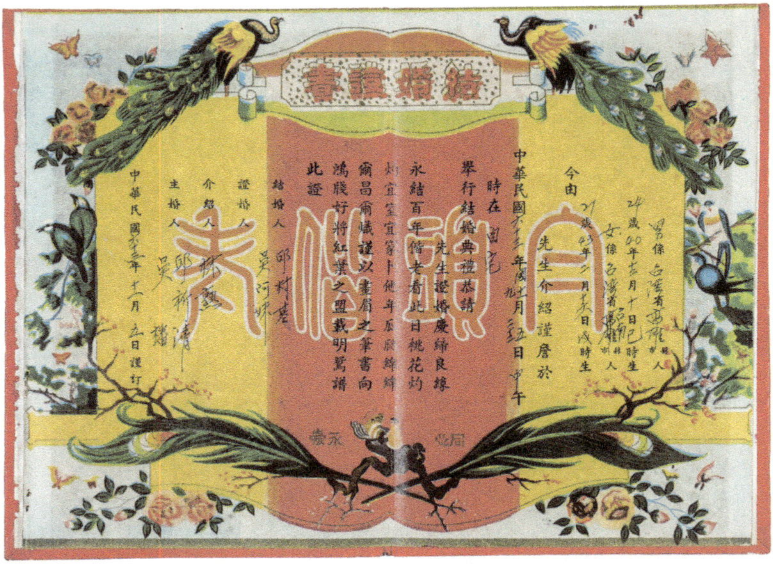

中华人民共和国成立初期的结婚证

唇舌地长篇大论一番。

例如，打开一张 1981 年在安徽绩溪县领取的结婚证，右边以粉色为底色，写着结婚证的正文，左边底色变为醒目的黄色，上面是一段醒目的红字：“伟大领袖和导师毛主席教导我们：‘人类在计划生育上完全无政府主义是不行的，也要有计划生育。’各级领导同志务必认真抓好计划生育工作。除人口稀少的少数民族地区和其它地区外，都要加强对这项工作的领导，深入开展宣传教育，使晚婚和计划生育变成城乡广大群众的自觉行动。”

与之一板一眼的文辞相比，1983 年兰州市城关区政府颁发的一张结婚证书更显“幽默诙谐”：“人类在计划生育上完全无政府主义是不行的，也要有计划生育。生育太多，对大人的身体、工作都有影响；生育太密，对小孩抚养也不好，后一代身体也不好。计划生育，对大人、对后代，对整个中华民族都好，生活更幸福。”

这口吻，不像来自官方，更像是电影《甜蜜的事业》中的计划生育委员会委员田大妈，循循善诱、苦口婆心。

而进入20世纪90年代，结婚证，是婚姻登记管理机关签发的证明婚姻关系有效成立的法律文书。结婚证变得简洁明了，不再写新郎新娘的年龄，却以更加正规、准确的生日予以替代，虽然没有了鲜花、喜鹊、鸳鸯，却增加了结婚者的照片……相信，再考究精美的装饰图案，也比不过新人幸福的笑脸……从此以后，一对璧人幸福的笑靥，就一直停留在了结婚证上，宣示着幸福生活的来临。

百年结婚证，从华丽到简洁，再到扭曲，最终回归到一种令人踏实的素雅……每个时代，都值得铭记，正如同如今的新人在拍结婚照时，会别出心裁，双双穿上白衬衣或水手服，这是对时尚的逆流涌动，更是对逝去过往的用心铭记……

每一位母亲都是艺术大师

每隔一段时间，王艳平都会在客厅专门腾出一块地方，打理一下她的宝贝们——五百多顶晚清、民国时期的刺绣童帽。

斗转星移，岁月变迁，数百顶童帽，不知换过多少位主人，大多已经褪色泛白，鲜亮不再。艳平却喜欢得不得了，将它们从箱子中捧出，犹如捧着一个个幼小的生命，再一一清理、熨烫、拍照……

“囍”字男童帽

艳平收藏的童帽，没有重样，却都绣着“囍”。艳平每次做展览，都会给每顶帽子做个架子，放进玻璃框，再打上一束追光，不再崭新的帽子们竟也散发出了别样的光彩。

每一次看到，都是“如初见”

2014年3月，北京万寿寺的艺术博物馆内，艳平收藏的一百五十八顶晚清、民国时期的童帽成了主角，吸引了众多观者驻足。

憨态可掬的虎头帽，黄布上面的黑色“虎纹”依然醒目，帽檐左右两边各有一个“囍”，红底黄字，与黄色的帽体相得益彰。

清代绣囍的花蝶桃实童帽，颇为美观大方，象征幸福的蝴蝶，代表花开富贵的莲花，以及象征多子多福的仙桃，殷殷祝福，寓意非凡。

而清代蝶秀囍冠帽上，“囍”是绝对的主角，黑色的帽体、粉红色的“囍”，再加上细碎的流苏、考究的花纹……戴上这顶“囍”帽的秃小子，立刻变身“小状元”。

……

除此之外，还有狮子帽、兔帽、狗帽，男孩戴的儒帽、公子帽、瓜皮帽，以及女孩戴的月亮帽、石榴帽、鱼尾帽等。

艳平说，她收藏的童帽并不昂贵，大多收来的价格是数百元，最贵的也不过上千元。这五百多顶童帽，她每一次看见都“如初见”，怎么观赏也不腻烦，心中感动满满、爱意满满。

有一句古话叫“男家无报喜，女家无祝米”。所谓“祝米”，指的是小孩子出生后，姑爷到岳父家登门报喜，双方商定吉日，由娘家人带着喜物去道贺。而喜物中，除了给自家姑娘坐月子吃的补养品外，往往还会有一顶童帽。而缝制童帽的布料，必是从各家各户讨来的“百家布”，老话讲，孩子戴上“百家布”缝制的童帽，就会百病不侵，平安少灾。

不得不说，中华民族是十分追求吉祥幸福的民族，擅长在艺术作品、日常用品以及服装配饰中，使用隐喻、谐音、象征等手法，追求幸福平安、健康长寿。于是，越是年幼的孩子，所穿所戴越花哨，上面的吉祥图案越多，而相比之下，长大了的孩子衣履上的图案，就会素净很多。

旧时医疗条件落后，孩子不易抚养，夭折率高，故民间热衷于在孩子吃的、用的、穿的上做“加法”，而童帽就是个发挥创意、表达祝福的绝好物件。一顶虎头帽，寄托了长辈对孩子平安健康、茁壮成长的殷殷期待；一顶“独占鳌头冬帽”上，“桂花”影射“折桂”，即科举殿试高中，“一手执笏”即指古代士大夫上朝所持的长板，寓意孩子将来必能高中科举、独占鳌头；而若是帽子绣有蝎子、蜈蚣、蛇、壁虎、

民国时期的湖蓝缎钉金绣“囍”字流苏男童帽（雪青色棉布衬里）

蟾蜍，也并没有不好的意思，而是希望这“五毒”能为孩子镇邪祛灾。

艳平的童帽，每一顶上都绣着醒目的“囍”，当然也是为表祝福、讨吉利，可以平时戴，也可以在特殊场合戴。艳平说，若是有婚礼，“囍”帽就更是派上了用场，“试想一下，一个虎头虎脑的胖小子，或是一个水灵灵的小丫头，戴上一顶‘囍’帽，冲着长辈作揖行礼，必然得引得在座宾客眉开眼笑”。

母亲的艺术，遗落在历史的尘埃中

在近代，大多数百姓家庭，都是由母亲亲手为孩子缝制帽子，即使市面上有帽子店，光顾的也是少数。于是，无论是在北方农村的麦地边，还是江南水乡的小河旁，都可看到妇女们边做绣活，边唠家常，她们的喜悦，溢于言表。

小小一童帽，看似简单，但其制作却是一个极为烦琐的过程，要经过构图、裁样、剪布、拼接、粘贴、锁绣以及插、刺、缝等多道工序才能完成。

旧时的母亲们，也许不识一字，却能做得一手好活，那童帽上的鸟、兽、鱼、虫、花、木、草、茎，还有那讨人爱的“囍”……

“囍”字女童帽

“囍”字女童帽

无不闪烁着智慧的光芒。一个个针脚均匀平整，或精致或夸张，或浓烈或淡雅的图案，在母亲们粗糙却温暖的手中诞生，承载着最殷切的关爱和最温馨的祝福。

在艳平看来，过去的妈妈们，虽然没学过设计，但每个人都是设计大师，巧妙的构思，蕴含在脑海中，横溢的才华，流淌在血液里，最终一双巧手缝缝绣绣，不过几天时间，几块碎布片，就变成一顶斑斓考究的童帽。而当看到自家亲爱的宝贝戴上自己的作品时，母亲的双眸，笑成了弯月牙儿，充满了欣喜和慈爱。

中国人重帽冠，于是有了衣冠楚楚，也有了冠冕堂皇。只是，与高官富贾象征权力和地位的帽冠相比，母亲们只是希望一顶童帽能为孩子御风寒、避祸患。

“帽冠对中国人来说是特别重要的东西，透过这些帽子你可以感受到一个母亲对孩子的爱，她们从未学过设计，但一针一线绣出来的图案都美得让人感动。”艳平说。

在艳平看来，与旧时绣女们缝制的作品相比，如今的世界大牌实在是苍白而平庸。“现在的‘名牌’，每一季都换，样式、色泽却多有雷同，它们的服务对象是模糊的，谁买都可以，谁穿都可以，经济利益是唯一追逐的目标。而母亲们是为自己的孩子设计、缝制童帽，带着爱，融着感情，尽心尽力、独一无二。‘名牌’又怎么能和它们相提并论呢？”

而现代人，早已被这种程式化和统一化的苍白和平庸包裹其中了，很久没有拿过针线，很久没有穿过母亲、祖母一针一线缝制的毛衣，甚至忘却了，历史上还有一种精妙的艺术品——女红。女性的温婉，母亲的艺术，在绝大多数时间已经被遗落在历史的尘埃中，而艳平的童帽，似乎多少能唤起人们对女红的回味和感动。

“搪瓷年代”的幸福生活

“囍”字搪瓷盆

2013年，王艳平去过一次昆明。当时，正坐在客机上的她，捧着一份报纸，有些昏昏欲睡，却突然被报纸上一篇报道吸引——《80后小伙的“搪瓷人生”》。

下了飞机，艳平赶忙按照报纸上刊登的电话，联系上了这个名叫景锐力的小伙子，“你店里有带‘囍’的搪瓷吗？我都要！”

……

景锐力的“鄢棚国货”搪瓷小店，坐落在昆明钱局街一侧的百米小巷仓园巷。那一天，小景正在满头大汗地忙着卸货，正好撞见风尘仆仆赶来的王艳平。

搪瓷、小店、老物件……凭借多年收藏获得的敏感嗅觉，艳平断定，在“鄢棚国货”，她一定能收到心爱的“囍”。于是，她找到酒店落脚后，就马不停蹄地穿过三条街，直奔景锐力的搪瓷店。

果真，走进小店，艳平仿佛穿越时空，回到了半个世纪前，印着“抗美援朝”字样的搪瓷缸、带有鲤鱼或鸳鸯图案的脸盆、老式暖水壶，以及 1962 年生产的白色搪瓷花灯罩……而那印着红彤彤的“囍”和大红牡丹花的搪瓷杯，更是让艳平眼前一亮。

老搪瓷制品多采用牡丹、荷花、鸳鸯、喜鹊等图案，从现代人的审美观来看略显艳俗，在艳平眼里，这些上个世纪几乎家家必备、如今却难觅踪影的老物件，是被深深地打上了那个时代的烙印，那么的可爱、珍贵，如同艺术品，散发着独特的光芒。在小景的店里，艳平左看右看，特别喜欢，简直走不动路了，一口气买下三十多个搪瓷杯和搪瓷盆。

而眼前这个 80 后小伙子，更是让艳平感觉亲切、如遇知音。景锐力专注搪瓷，艳平收藏“囍”，两人都是十分纯粹的人，只关注内心喜好，无关乎经济收益。相似的价值观和脾气秉性，让艳平和小景颇有共同语言，两人你一言我一语地聊了起来。

小景告诉艳平，他之所以喜爱搪瓷，是受外公的影响。小景出生在有“锡都”之称的个旧，外公是个旧云锡百货商店的经理，负责采购和销售，对搪瓷商品十分钟爱。“搪瓷的东西好，国产的东西最好。”这是外公的口头禅。

也许是受了长辈的影响，渐渐地，小景也对搪瓷产生了浓厚的兴趣，十岁那年，他自己用压岁钱买了一个印有“小孩吹泡泡”图案的搪瓷缸子。长大后，他对搪瓷的迷恋更是一发不可收拾，走遍了大半个中国去收集搪瓷制品。如今的小景，已经拥有了五十多万件搪瓷藏品，他的家，就如同一个小型的博物馆。

自 1916 年中国有了第一家搪瓷厂上海铸丰搪瓷厂后，搪瓷工业便迅猛发展起来。中华人民共和国成立后，中国成为了世界上最大的搪瓷制品生产国，大小搪瓷厂数量近百家，搪瓷缸、搪瓷碗、搪瓷盆……成了中国人最常用的生活用品。

然而，随着形形色色的不锈钢制品和塑料等新材料制品的应用，搪瓷的地位受到了致命的动摇。从 20 世纪 90 年代开始，全国的搪瓷工厂大量停产、破产，搪瓷工业走向低谷，以后再也没有获得翻身的机会。

历史的进步，总是要以牺牲一些东西为代价，其中不乏美好的事物，正如同曾经被每一个中国人捧在手心儿里的搪瓷茶缸子，也被遗弃在历史的角落里了。景锐力将它们收集起来，放进了“鄢棚国货”，提醒着人们，曾经有一个“搪瓷年代”，那段岁月简单而美好。

“囍”字搪瓷盆

搪瓷的温度，是岁月的馈赠

自从与小景相识后，艳平后来又去了一次“鄢棚国货”。她十分喜爱这个小店，以及这个勇敢践行自己兴趣爱好的小伙子。

不过，令艳平略感遗憾的是，小景店里出售的搪瓷制品都是全新的，相比之下，她更喜欢那些从家家户户收来的旧物件，就如同她在大理，好说歹说从老大娘手中买下的那个用了四五十年的搪瓷盆。

这些老物件，经过年年岁岁，风吹日晒，已然不再完整、鲜亮，磨锈了，破损了，却也细腻了，圆润了。“新东西固然干净、鲜亮，但比不得老物件那般有温度，而这温度，是因为有故事，有经历，这是生活的磨炼，是岁月的馈赠。”艳平说。

艳平说，她那一代人，对于搪瓷有着特殊的感情，“这搪瓷可是好东西，是最实用的日常用品。”一个搪瓷碗，既可以打饭盛汤，也可以架在小火炉上，开个小灶给自己打打牙祭，一个搪瓷盆，既可以打水洗脸，也可以洗菜和面……而对于那时坐办公室的“白领”来说，一个喝茶饮水的搪瓷茶缸是办公桌上最好的“伴侣”。

在艳平的诸多“囍”藏品中，她的好友、画家东子最喜欢搪瓷。东子是1967年生人，她说虽然搪瓷现在已经基本被淘汰了，但在她小时候，搪瓷家家都有，“大人端出盛着瓜子花生的搪瓷盘，就说明要过年了。搪瓷脸盆洗菜也行，盛水果也行，放瓜子花生也行，而且很结实，即使磕一下，落下一块瓷，也存在年代感和美感。”

每当捧着一个个带“囍”的搪瓷缸或搪瓷盆，艳平都会心生温暖。在时间的淘洗下，这些搪瓷用品虽边缘已经磨损，甚至锈迹斑斑，却蕴含着曾经的风光与吉庆，亲昵与爱恋。

20世纪六七十年代的中国，经济落后，物资匮乏，日用品都是凭票供应。但是国家对于喜结连理的新人，总是要有些特殊“优待”，可以获得一丈布票，购置一个新床单，还可以带着结婚证，去购买一系列日用品，那印着红彤彤“囍”字的茶缸、脸盆、镜子，

红地龙纹“囍”字暖壶

便成了一场姻缘的见证。

“以前人们结婚，就俩暖瓶、俩脸盆，基本是个定式，以至于我现在看见那些印有‘囍’字的暖瓶、搪瓷盆，内心就会产生一种喜庆的感觉。”东子说。

那时的婚姻，简单而温馨，没有鼓乐喧天，没有奢华宴席，只有亲朋好友数十人，围着几样简单的家常菜，喝着茶水，吃着糖果、花生瓜子，却祝福殷切不减，欢声笑语不断；没有凤冠霞帔，没有西装婚纱，新郎一身白衬衣蓝裤子，新娘系条红头绳，别个红发卡，便是最美的一对佳偶……从此，曾经素不相识的两个人，便朝夕相伴，苦乐同当了。

然而，令后辈们诧异的是，经过了多年风雨，那些印着囍字的搪瓷碗、搪瓷盆，已然坑坑洼洼，破旧不堪，却依然摆在家中的碗柜里、放在床底下，去问爷爷奶奶，却换来老人们的笑而不语……年轻人怎么会知道，奶奶一头青丝的时候，每天抱着这个搪瓷碗去给加班的爷爷送饭，而爷爷年轻力壮的时候，就是拿着这个搪瓷盆，给怀孕的媳妇打洗脚水……

80后、90后难以理解，为何祖辈当初搬进一间狭小的宿舍，将两个铺盖卷合在一起，带着几个搪瓷碗、搪瓷盆，便能幸福美满地生活半个世纪，而自己为结婚买了新房，购了新车，订了“鸽子蛋”，拍了亲爹亲妈也难认出来的精美婚纱照，在五星酒店办

“囍”字暖壶

了豪华婚宴后，依然会劈腿、吵闹、分道扬镳……

在如今这个生活节奏飞快，快得只够注重自我感受的年代，年轻人很难理解，一个人日复一日、年复一年地对你好，是一种什么样的感受，而你日复一日、年复一年地对他好，又需要投注怎样的情感，付出怎样的努力。

而对于生活在“搪瓷年代”的人来说，爱情就是有缘千里来相会，婚姻就是相敬如宾、白头偕老……而生活，就如同那一个个搪瓷杯，结实的质地，象征着稳固的感情和坚守的责任，而那醒目的“囍”，便是日子里那些让人何时想起都会心生欢喜的甜蜜。

穿红戴“囍”上花轿

清末的珐琅蝈蝈花卉“囍”字头饰

关关雎鸠，在河之洲。窈窕淑女，君子好逑。

自古以来，男婚女嫁、洞房花烛，乃人生一大幸事。时光荏苒，岁月流逝，当初那个凤冠霞帔、妩媚含羞的俏新娘早已不见，唯独留下来一大批带“囍”的老首饰，给世人留下无限遐想的空间，这个老银镯子，曾在谁的玉臂叮当作响？而那只珐琅簪子，又曾插在谁的秀发中？

在王艳平的“囍”藏品中，首饰为大宗。每次把玩这些老首饰，艳平都会心生温暖，好似昔日美人的体温和芳香也跟随着她们曾经戴过的首饰延续至今，这些老首饰便有了一层独一无二的光彩。

民国时期的珐琅“囍”字串链

曾经美丽的新娘，留下了那些精致的带“囍”的老首饰

无论是旧时出阁，还是新时婚礼，新娘子都是绝对的焦点。毕竟，每一个女人，一辈子最美丽的时刻，就是穿上新娘装的瞬间。这个时刻，新娘子不仅漂亮到极致，更令人动容的，是那份从内到外自然流露、无法用语言来表达的幸福与喜悦。

想必，人们热爱婚礼，一半是因为那位美丽多情的新嫁娘。中国古代的婚姻制度始于周朝，当时的婚姻制度属于“礼制”的一部分，制定有三大原则，即父母之命、媒妁之言、同姓不婚。

从周朝起，婚礼开始遵照“六礼”的程序进行，六礼即纳彩、问名、纳吉、纳征、请期、亲迎。周朝婚礼是华夏婚礼的原型，此后几千年的汉族婚礼与习俗均由周制婚礼演变而来。

再后来，婚礼习俗不断演变。汉民族有了“上花夜”的习俗，即在婆家迎亲前一天，新娘同族“好命”的姑嫂姊妹要为新娘梳妆打扮。而如何断定是否“好命”呢？那是指父母双全、兄弟姐妹众多、婚姻和美、儿女双全。之所以选择“好命人”，是希望能给新人带来一生的好运。

一代又一代美丽的新娘，留下了一大批带“囍”的老首饰。据民俗专家介绍，一般带“囍”的首饰，无论是项链、头冠，还是耳环、戒指、手镯，都是在婚礼上佩戴的，当然婚后也可佩戴。

相信最幸福的新娘，一定被姊妹们戴上那款珐琅蝈蝈花卉囍字头饰。2003年，艳平在北京收藏了这样一款头饰，堪称她所有“囍”藏品中的精品。精美的头饰上，“囍”字占正中，旁边各有一只点翠蝈蝈，下面饰有珐琅荷花、梅花……新娘子戴上这个头冠，会是何等的美艳娇俏啊！

头饰上为何会有蝈蝈呢？原来，在旧时，蝈蝈可谓吉祥之物。蝈蝈旧称“螽斯”，典出《诗经·周南·螽斯》。

螽斯羽，诜诜兮，宜尔子孙，振振兮。

螽斯羽，薨薨兮，宜尔子孙，绳绳兮。

螽斯羽，揖揖兮，宜尔子孙，蛰蛰兮。

螽斯就是蝈蝈，繁殖力强，善鸣。古人认为螽斯能够生一百个儿子，是多子多孙的象征。《诗经·周南·螽斯》整篇文字都在颂扬蝈蝈的种族兴旺。这是生产力低下时对生命繁衍的企盼，也是一首祝女人多生子女的喜庆民歌。由此而产生的成语“螽斯衍庆”便成了喜贺子孙满堂的吉祥语，很适合在婚礼上恭贺新人。而新娘头饰上的蝈蝈，也是为表达早生贵子、多子多福的喜庆寓意。

艳平在天津收的珐琅囍字流苏耳环，也是一对精美绝伦的藏品。耳环上蓝色的“囍”为珐琅质地，下方是一朵莲花，配有十几根银质流苏。随着时间的推移，昔日湛蓝的珐琅已不再明翠，银流苏也不再鲜亮，但清风徐来，依然叮当作响，犹如二八佳人初长成，粉面桃花绽芳容，正被姐妹们嬉笑着戴上这个囍字流苏耳环，等着几个时辰后，做个花团锦簇的新娘。

艳平把它们收了回来，擦拭干净，上面浅浅的“囍”又露了出来

文学大师林语堂先生曾说：“下意识，所有中国姑娘都梦想红色婚礼裙子和喜轿；所有西方女子都憧憬婚纱和婚礼的钟声。”

一提到汉族新娘装，大多数人想到的必然是彩绣龙凤的大红

民国的“囍”字珐琅彩镯

色吉服还有凤冠霞帔、大红盖头。而实际上，这种人尽皆知的大红吉服，是在明代才出现的。

在三千年多年前的周朝，也就是婚礼起始的时代，婚礼服装的颜色为玄黑色和纁红色，黑中扬赤即为“玄”，而“纁”的意思为浅红色。周朝婚礼崇尚典雅端庄，而“玄”和“纁”被认为是天地间最高贵的色彩。

婚服的“玄纁制度”一直持续到了隋唐以前。到了唐朝，崇尚浪漫的唐朝人，将前朝对庄重神圣的崇尚与今世对热烈喜庆的追求结合在一起，将婚礼上的男服定为绯红，女服定为青绿，所谓“红男绿女”是也。

明代，人们所熟知的大红吉服、凤冠霞帔出现了。而那时，男人娶妻称为“小登科”，可以穿青绿色的九品官服。而新娘会穿红底绣花的袄裙，外面“借穿”诰命夫人专用的背心式霞帔，头上戴红花，再蒙上红盖头，再用大红花轿抬到婆家，讲究的就是一个“红”字!

当然，新娘头上一定还少不了一个精美的配饰，那便是头簪。对于古代中国女性而言，簪子可谓是最为重要的头饰之一。古代女子十五岁成年，都要行“及笄之礼”，即把头发盘起来，用一根簪子（古称“笄”）固定，插簪是女孩成为女人的标志。到了清代，簪子的样式繁多，兼顾实用与审美。

艳平在杭州收了一支精美的点翠囍字簪。簪子一端呈长针状，另一端做精心的装饰，一个大“囍”字为点翠，中间一颗红宝石十分夺目，“囍”上的莲花、翠叶也是点翠工艺。

对于现今的年轻人来说，点翠工艺有些陌生。即使听过，也很可能是从热播电视剧《甄嬛传》中看来的。剧中的娘娘小主各有韵味，皇后雍容华贵，华妃美艳跋扈，甄嬛深沉内敛，眉庄婉约高贵……她们的气质被各人所佩戴的饰品烘托，而为她们每个人量身打造的点翠头饰，更是凸显了各人的身份与地位。

而“翠”为何物，定不是翡翠。中国古代是没有翡翠的，所以很多描写珠宝首饰的诗词里出现的“翠”，例如“绿云高髻，点翠匀红时世”，或者“施红点翠照虞泉，曳云拖玉下昆山”，再比如“凌云列岫堆螺髻，出水新荷点翠钿”……其实都指的是点翠。

在唐代，甚至还有“翠靥”，就是把点翠剪成花鸟形制，贴在面颊眉间，如诗里的“玉靥翠钿无半点”“脸上金霞细，眉间

清末的长命富贵“囍”字银锁

翠钿深”，可见点翠深受一代代女子的喜爱，源远流长。

点翠工艺十分复杂，要先以金属制成特定的架子，用金属线勾勒出图案纹样，然后在线条间的凹陷处粘贴翠鸟的羽毛。用点翠工艺装饰的器物色彩鲜艳，精美华丽。点翠的迷人之处就在于其特殊的光泽，这种光泽是大自然神奇造物的最直接体现。翠羽的蓝随着光线的变化呈现出梦幻的光泽，而且经久不褪色。

然而，美丽也许诞生于残忍。翠鸟非常稀有，体型又娇小，再加上上好的点翠饰品仅用翠鸟头上最亮最闪的部分，所以制一朵小小的头花恐怕要牺牲许多只翠鸟。而更令人难过的是，翠羽必须由活的翠鸟身上拔取，才可保证颜色的纯正。

此外，除了新娘的所穿所戴，“囍”首饰还有一个重要的来源便是嫁妆。女家的陪送，亦称陪妆，是女子出嫁时，从娘家带过去的东西，在古代是女人的私人物品。陪嫁最迟要在婚礼前一天送到男家，陪嫁以细软为主，除了衣物、金银首饰外，还有一些象征好兆头的物件，如碗筷，寓意丰衣足食；子孙宝桶，寓意子孙万代；龙凤剪，寓意蝴蝶双飞。

清代的龙凤双喜纹银镯

艳平在北京收藏的多囍银镯上，囍字雕刻得十分清新而工整，旁边饰有蝴蝶。“彩蝶双飞”，经常用在婚嫁饰品中，寓意为生活美满、富贵吉祥、爱情甜美。民间有“梁祝化蝶”的传说，展现的正是至真至美的爱情。

在艳平的收藏中，带“囍”银镯子、银戒指数量不少。曾经，这些老银饰摆在货摊上，经过岁月洗礼和风吹日晒，早已氧化漆黑，污渍斑斑，艳平把它们收了回来，擦拭干净，上面浅浅的“囍”又露了出来。

“它们展现的是幸福，而且还是民国范儿的。”艳平说。

第四章

世上拥有“囍”最多的女人

清末的
点翠花卉“囍”字钗

在画家东子看来，王艳平的伟大之处，就在于通过收藏“囍”，将生活中的美挖掘出来，并将这份美传播给大众。换言之，“大天鹅”是这个世界上拥有“囍”最多的女人，她也是在替大家守护着“囍”！

东子：“大天鹅”替我们守护“囍”

画家东子与她的“大天鹅”王艳平相识于2007年的春季。

那一天，东子在位于北京亚运村的“玉兰堂”办画展，艳平也来观展。当时，她就那么昂首阔步地走了过去，看得东子愣了神儿。

“哎，你知道吗，这就是中国的‘大天鹅’啊。”身边的朋友如此介绍。

从此，东子就叫艳平“大天鹅”了。

再后来，东子和艳平又碰到过几次，但一直不熟。直到2014年，两人在大理的“88号西点店”相遇。那是一家德国老奶奶开的蛋糕店，艳平和东子都是慕名而来。

“她带着孩子，我也带着孩子。当时在一起的还有中国青年出版社的编辑申永霞。小孩们一起玩，我们三个女人就开始聊。”东子说。

后来，聊得不尽兴，大家又约着吃披萨。也正是从那时起，艳平开始给她们讲自己收藏“囍”的故事。一件件趣事，把大家逗得人仰马翻，出版社编辑申永霞突然跳起来，把门关上，说千万别让别人听见。

做编辑的人，总是有种天生的敏感性，认为好题材是个秘密。永霞就认为，艳平的收藏经历，如同一件珍宝，不能轻易示人……

“你带着孩子，坐着车，全国各地一站一站地收‘囍’，简直到了痴迷的地步，前无古人，后无来者。”永霞说。

画家东子

一本藏在心里很久的书

“艳平，你这么有意思的经历，应该出本书。”东子说。

东子是个才女，是自由艺术家，早晨急着出门，也不忘三笔两笔画张画，线条简洁，图案明丽，颇有点儿丰子恺的味道。东子爱书，这在圈儿内是有名的，除了画画儿、做陶艺，她自己也写书，还做图书策划、给书绘插画。

东子用图说的形式，出了一本《大理小事》。她是大理的常客，视大理为第二故乡。每年三月到六月份，东子会带着女儿像候鸟一样从北京飞到大理，在那里画画、写作。东子热爱大理，熟悉那里的一切。这本书，就是她献给大理的礼物。

“学会控制才能重返自由”“感恩，一切都是老天爷的恩赐”“心中有爱通向未来”“快乐是对自己最大的慈悲”……东子的《大王今天很高兴》用图画和一字半句的箴言，讲出了大智慧和大修养，给忧虑重重、疲惫不堪的都市人，带来灵魂的滋养和满满的正能量。

“世界那么丰富和精彩，到底什么是值得我们投入热情去做的？在我，就是书，我将创作的大部分热情放在书里。”东子说。

当东子亲眼见到艳平的“囍”字藏品时，有种叹为观止的感觉。东子料想，艳平的这本书，将是建国以来，最全面地对民间“囍”器物的归纳和整理。东子曾想用金木水火土来划分书的内容，但后来发现难以操作，只能另谋他法。

东子的画作

艳平和东子，都是有个性的女人，但面对自己的心爱之物，也能把最柔软、最有耐心的一面拿出来，譬如“囍”，譬如书。

艳平对美有一种极高的感知力！她跳舞要美到极致，收藏要做到极致……每做一件事，不说搭上性命，也必然是百分百付出真情，更别说这本“囍”书，已经藏在她心里很久了。

与艳平、永霞大理相聚之前，东子刚做了一本藏药的日历，于是她灵机一动，建议艳平也将她的“囍”做成日历，一日一囍，一日一新，再贪心的读者，三百六十五日也便可释然了。

东子常说，人有人命，书也有书命。如果将做书比喻为“生孩子”，艳平这本书的命运必然是“难产”。精益求精的后果便是，艳平酝酿这本书，足足花了两年的时间，以至于每次有朋友问“书怎么样了”，她总是微微一笑，没有答案。

艳平对书的韧劲儿，还是源于早年艰苦的舞蹈训练。“没排练好，怎么上台演出呢？”她说，“我们努力一百二十分，可能在外人看来，也就只能打七十分，不努力，肯定不及格。”

一本书，看着轻，实际上沉甸甸，因为里面包含着丰富而厚重的文化和内涵。读者购买一本书，看似简单，但怎知著书背后那些不为人知的故事，以及作者写一本书要花费多少心力，经常都没魂儿了。以至于 2015 年年底，也就是做这本书的最后阶段，艳平、东子以及责任编辑永霞就像是在战斗一样。东子带着艳平的一儿一女去动物园，艳平就在月坛北小街一篇一篇地做排版，忙得连买洗发水的时间都没有。

甚至于，艳平和永霞之间，还闹了一点矛盾。既然是日历，一定得赶在过年前发行才应景儿，一方面永霞担心错过发行的好时机，而另一方面艳平又要精益求精、千改万改，于是两个好姐妹之间较上了劲，据说那一天，完全可以用刀光剑影、杀气腾腾来形容。“一片‘旷野’上，两具尸体，加上一本好书。”东子开玩笑说。

“永霞，虽然你怨我改得多，但有一天，你会爱我的。”撂下这句话，艳平便转身走了。

王艳平的《天天有喜》

艳平是对的。当那本精美的《天天有喜》日历出现在大家面前时，永霞蹦了起来，一把抱住艳平，“我太爱你了”。

“只拥有美好就够了”

捧着艳平的《天天有喜》，心里满是温暖。封面为绢质，颜色用的是中国人最喜欢的颜色——代表喜庆、热闹和祥和的大红色，正中是一个古体的“囍”……好似，这不仅是一本日历，更像是洞房花烛夜的喜物。

那一年，出版界出了一个关于日历书品质的排行，得出的结论是，《故宫日历》排在第一，而排在第二的就是艳平的《天天有喜》。

艳平相识三十年的老友、收藏大师马未都为《天天有喜》作序：

三百六十五日，三百六十五页，三百六十五件，这些物品有古有今，大至清代大床，小到妇女发簪，凡民间结婚喜庆之物，都纳入书中，让今人知道了过去的喜是双喜，双喜才是真正的喜事。

这本日历书中的“囍”都是清中晚期及之后的用品，陶瓷为最大宗，衣服等织物最为普及，首饰挂件作为补充，另有日用品从各个角度说明了“囍”在每个年月的重要性；将其个人收藏展示给公众是藏者有心有意，也是一份坚持。

这个时代只要有心，就可以将不可能变为可能，此书的收藏即为例证。

他还鼓励艳平说：“你的‘囍’收藏都是来自民间，每年都可以出一本。”

收藏的过程往往从物质开始，在不知不觉中滑向精神，当精神占了主导之后，收藏就会显得其乐无穷。《天天有喜》的出炉，无疑是艳平收藏生涯中的一个里程碑，在精神层面达到了一个全新的境界。

艳平常说，“囍”是两个人在跳舞。而东子的看法更加直接，她觉得“囍”就是爸爸妈妈，坐在那儿的一对儿璧人。

世间美好的事物千千万，而“囍”正是凝聚中国人幸福感的标志。在东子看来，“囍”是最常见的一个字，却也是最能打动人心的一个字，“囍”就是幸福本身，谁家门前、墙上、暖瓶上，脸盆上贴着“囍”，便说明又有一对佳偶喜结连理，“‘囍’是一个永恒的主题，伴随着中华民族历史，只要这个民族存在，‘囍’就存在”。

“囍”字的出现，还解释了中国人的审美，那就是对称。例如，中国传统民居的堂屋，桌子旁边定有两个座儿，两个花瓶，瓶子里插着孔雀毛；再比如，我们说男婚女嫁，那叫找到“另一半儿”……在中国人眼中，成双成对才是美。

在东子看来，艳平的伟大之处，就在于通过收藏“囍”，将生活中的美挖掘出来，并通过书，将这份美传播给大众。换言之，“大天鹅”是这个世界上拥有“囍”最多的女人，但实际上她也是在替大家守护着“囍”。

东子说：“如今的世界，充满了诱惑，大家都被很多东西吸引，但社会总是能慢慢成熟起来，人们将学会选择，比如手上只能拿一样东西，会拿一本书，如果只能买一样东西，会买一把鲜花。慢慢大家会选择真正爱的东西，爱书的人永远爱书。”

“就好比艳平这本书，里面的藏品我们不会拥有，但只要有这么一本书，我们就拥有了她收藏的全部，她的艰辛，我们不用拥有，我们只拥有美好就够了。”

谢素贞：收藏就像谈恋爱

曾经，谢素贞对“外貌协会”嗤之以鼻，但她后来发现，自己也是“外貌协会”的。

谢素贞出生在台北，早年在英国留学，学的是艺术品管理专业，后来一直流转各地，担任美术馆、艺术馆的馆长。2013 年，她来到宁夏银川，走马上任银川当代美术馆艺术总监。

素贞喜欢爱玩、好玩的美女，而艳平就是最好的选择。自从十年前，素贞和艳平在一场聚会上相识，便成了闺密，要好得一发不可收拾。有段时间，两人都在北京，就会一起玩，玩山、玩水、玩电影、玩文艺，玩购物……

“艳平是个比较好玩的人，如果她只是漂亮，但很做作，我不会和她来往。”素贞说，“她是个很有生活情趣的人，会跑到菜市场买菜，回来请朋友们来吃；她爱旅游，满世界到处跑。艳平对生活有着情趣和激情，和那些‘高冷’的人不一样，高冷的女人没劲！”

收藏的人不会得抑郁症

像艳平一样，素贞也喜欢收藏，艳平收“囍”，她收茶器。两人会一起逛古董店，基本每一个古董店的老板都会记得她们，因为店里一天也进来不了两三位女士。

在素贞看来，搞收藏的人多多少少都有些不正常，而美女不正常更好玩，更有吸引力。对于收藏，艳平和素贞都有自己一针见血的见解。

艳平说：“收藏是自己和自己玩，但也可以和朋友分享的一大‘乐儿’。”

素贞说：“收藏就像谈恋爱，你还爱就谈吧，哪天不爱了，就让给别人吧。”

很多人嫌老东西脏，但素贞和艳平并不嫌弃，因为她们觉得每一个老东西上面都有一个老灵魂，那是上辈子没有洗掉的记忆。虽然对于不少收藏家而言，拍卖会上拍出的价格，才是一件古董或艺术品唯一的身价，但素贞说她更看重价值。

当然，素贞在台湾看到“囍”，也会打电话给艳平，问她有没有，而艳平也会专门跑到台湾，把带“囍”的大镜子拿回来。不过，素贞在台湾找到的结婚证书，基本上艳平都有了。

有时候，艳平也对自己收“囍”的努力感到疑惑，觉得很多藏品太廉价，每当这时，素贞都不以为然：“你永远不会把‘囍’丢掉，‘囍’不一定代表的是结婚，但一定代表

和谢素贞在一起

幸福，喜事临门、喜鹊在叫、喜上眉梢……都是带有福分的意义，这是难能可贵的民间美学。”

锈迹斑斑的搪瓷盘、泛黄的结婚证书、发黑的老银首饰……这些岁月的痕迹，却是艳平所痴迷的，因为这是人类历史中所产生的东西。艳平在收藏一些来自民间的生活器物，却拥有了各式各样的中国式审美观，这是十分有意义的事。素贞说，这是普通人收藏的乐趣，收藏的人一定不会彷徨，一定不会得抑郁症，而且是自信的。

毛栗子：艳平是个聪明的收藏者

画家毛栗子说，在北京，有一对“闺密”，可说得上是十分出色。

一个是紫云轩的女主人张锦儿。一位冰雕玉琢般的美人儿，穿着一袭红裙，从幽暗的灯光下走出，对众人浅浅微笑。锦儿是扬琴、古筝演奏家，自己也作曲，却把个紫云轩茶室打理得清新典雅、鸟语花香，成了北京城不可不看的一道风景。

而另一个女人，就是王艳平。

“一个女人，长得漂亮，能把家也收拾得漂亮，能把餐食安排得漂亮，很有艺术品位，就很全面，就很难得。艳平和锦儿每做一件事，都会很认真、很在意，她俩都是出类拔萃的女士。”毛栗子说。

毛栗子认识艳平，是在1989年。当时，在纽约一个云集了一大堆社会名流的聚会上，在一群来自中国大陆、香港、台湾的名媛淑女中，前芭蕾舞明星艳平是那么与众不同，“她最大的特点是——漂亮，那时候，在纽约的姑娘漂亮的还是不多，做学问的倒是不少。”

回国后，毛栗子和艳平成了很好的朋友。毛栗子经常参加艳平家举行的文化小沙龙，那是艳平家常年的保留节目。一群音乐家、歌唱家、画家，都喜欢去艳平家，一时兴起，就即兴表演起来，只是不知道怎么着二胡和钢琴就一块演奏起来了……有时候，艳平也会即兴跳上一段，惹得她的闺密、歌手程琳也禁不住一起跳起来！

“也没什么主题，就是即兴，就是开心。”艳平说。

至于后来，艳平和毛栗子都爱上了收藏，也是自然而然的事，

毛栗子夫人珈珊、朋友丽军、毛栗子和王艳平在一起（左至右）

毕竟无论是画家还是舞蹈家，都热切地爱着艺术。

毛栗子本名张准立，是一位十分有探索精神的前卫艺术家。他说，“毛栗子”是他小时候的外号，因为他名字中有个“立”，和他在同一所小学上学的哥哥名字中也有一个“立”，于是，哥哥成了“炒栗子”，他就成了“毛栗子”。

毛栗子自十几岁开始画油画起，便从未间断，即使是在最艰苦的知青岁月，也坚持画风景。毛栗子以前绘画风格十分具象，画中的一扇门，犹如真的嵌在墙内，如今他的画风又变得非常抽象。对于不断变换的绘画风格，他解释说，那是乐趣所致。

20 世纪 90 年代初，艳平、毛栗子和几个朋友，就经常相约在周末的凌晨五六点钟摸黑去潘家园瞎溜达。

起初，艳平和毛栗子都不太懂古董，就跟着懂行的朋友后面“捡漏儿”。“行家一般比较‘抠门’，讨价还价，达不成心理价位就不要了，这时候，我会过来看看，要是喜欢就跟着买。”毛栗子说。

毛栗子那时候喜欢收些老窑，汉代的石雕，半坡的陶罐，一直没有成体系，而艳平不知道什么时候开始集中精力收“囍”了，也不局限于古董，慢慢地成了规模。有时候毛栗子看到带“囍”的艺术品，也会给艳平打电话，因为他知道，这是她的“菜”。

“艳平的藏品，有值钱的，有不值钱的，汇集到一起，就会很壮观。我的收藏是没心没肺的，喜欢就买了，还是艳平比较聪

毛栗子的画作

明。”毛栗子说。他还有个画家朋友，专门收藏箭头，青铜的、象牙的、骨头的、铁的，但是箭头太少了，很难收集到一定的量，而艳平收“囍”，就能很容易积累很多的东西。

在艳平的众多收藏中，毛栗子最喜欢的是饼干桶。艳平有一百多个饼干桶，来自不同时期、不同地点，上面的图案都像是月份牌上的画，而且都是锈迹斑斑的。不过毛栗子说，锈迹斑斑才好看，不锈迹斑斑没有味道，锈迹代表岁月的沧桑感。毛栗子还曾想过，他本来想在儿子婚礼上，用艳平的饼干桶做一个大型装饰，“后来一犯懒，就没做成”。

对于艳平、毛栗子那一代人来说，偷吃饼干桶里的饼干，可谓是共同的记忆。那个时代，一去不复返了。但饼干桶上的“囍”，却随着上面朴实的图案和斑斑的锈迹流传至今，被艳平像宝贝一样收藏起来。

在毛栗子看来，“囍”是中国的历史传统文化，也是一个吉祥的符号，而艳平收藏的乐趣和劲头也正来源于此。毛栗子说，一个“囍”文化博物馆，应当是这些藏品最后的归宿。

坐在旁边的艳平频频点头，说这也正是她的梦想。

壮壮、嘉嘉：长大要帮妈妈传承“囍”

期末了，艳平的一双儿女壮壮和嘉嘉正焦头烂额地准备考试，妈妈突然走过来：“你们好好考试，考完试我有个礼物要送给你们！”

“什么礼物呀？”两个孩子禁不住好奇，扔下书本忙不迭地问。

“现在不能告诉你们，考完试就知道啦。”

……

暑假第一天一大早，艳平就把壮壮、嘉嘉从床上拽了下来，再将睡眼惺忪的他们塞进汽车，直奔机场。

“妈妈你要干嘛呀？！”两个孩子丈二和尚摸不着头脑。

“我要带你们去一个地方，好好玩几天。”艳平笑盈盈地说。

也正是这时，壮壮和嘉嘉才意识到，妈妈承诺的考试后要送给他们的那个“礼物”是什么，那就是去旅游。

艳平送给一双儿女最奢侈的礼物，不是花里胡哨的服饰或华而不实的玩具，而是一起出门旅行。

和嘉嘉、壮壮在天安门合影

其实，艳平早些年也喜欢逛奢侈品店，可越是年纪增长越是追求起“物美价廉”。“会生活的人，要买最好看的，而不是最贵的，关键是看你是否有一双会审美的眼睛。”

当然，在发展一双儿女的兴趣爱好上，艳平可是从不含糊，壮壮在什刹海学武术，嘉嘉学芭蕾和钢琴。有的时候，听嘉嘉练琴，她还要品评一番：“你弹这首曲子的时候，旋律对了，但没有神韵，这是因为你弹的时候没有走心。”

在两个孩子眼中，艳平是个慈爱却又十分严格的妈妈，而且坚强、有毅力。壮壮说：“妈妈就像是我们的翅膀，真的很不容易，天天为我们努力、奋斗，为我们着想。”嘉嘉说：“妈妈对我们的品质要求非常高，常说我们是两株小树苗，一旦有‘黄叶’必须马上剪掉。”而艳平说：“是小孩子就都喜欢玩，但要做一件事，就必须得坚持。”

在两个孩子眼中，艳平的坚持，在收藏“囍”这件事上体现得淋漓尽致。艳平出去收“囍”，嘉嘉和壮壮就是这一路上的小助手。壮壮经常跟着艳平逛古玩城，提东西、买瓶水、当参谋……不在话下。

每次艳平在古玩城遇到谈得来的店主，交了新朋友，壮壮都会用妈妈的手机记下对方的姓名和电话，同时很用心地标注上店家经营的商品品种，比如绣片、首饰、青花瓷等等。“要不我妈记不住。”小男孩眨眨眼睛说。

艳平对于“囍”的热爱，两个孩子早已耳濡目染。“妈妈为了‘囍’经常东奔西走，有时候还要一个人带着我们俩，很不容易，常常双手提着东西，空不出手来牵我了，我就一直牵着妈妈的衣袖。”嘉嘉说。

从小，壮壮和嘉嘉就跟着妈妈走南闯北，从东三省到苏州杭州，从河西走廊到“天府之国”……每次出门淘“囍”，艳平都会开着一辆面包车，边走边看，把在各地古玩城收到的“囍”装到车上……

壮壮、嘉嘉当时还小，基本上是上车睡觉，下车玩闹，沉浸在自己的小快乐中。但进了古玩城，两个孩子就会认真起来，瞪大眼睛，帮妈妈寻找“囍”的踪影，用壮壮的话说，“好像长了无数双眼睛一样”。有一次去广州收“囍”，嘉嘉慧眼识珠淘到一个宝，回来被妈妈猛表扬一番。

如今，壮壮和嘉嘉即将上中学，可能是从小跟着妈妈收“囍”受到了潜移默化的影响，两个孩子都对这个古老的汉字充满了热爱。嘉嘉说，她十分喜欢“囍”，“‘囍’红彤彤的颜色让人快乐，‘囍’是一种幸福”。

壮壮也喜欢“囍”。在他看来，“囍”不单是一个字，而是代表不同的意思，“囍”和“喜欢”的“喜”不一样，“‘囍’是两个‘喜’叠加起来形成的，是喜上加喜，又表示两个人更加幸福快乐地生活在一起”。

每个小孩子心中，都有一个关于未来的梦想，而壮壮、嘉嘉的梦想，也是与“囍”密切相关的。小吃货嘉嘉说她长大以后要当个美食家，各国各地到处跑，既能一饱眼福，也能一饱口福，还能帮妈妈光顾一下古玩城，“真是两全其美”！

壮壮也决心，长大以后要帮妈妈把“囍”传承下去。“‘囍’是我们的命根，是我们要世世代代传承下去的文化。”小伙子年纪不大，讲话已经颇有见地。

艳平听闻，心中更是欢喜，因为她意识到，她的“囍”收藏后继有人了。

附　录

满足自己 又满足社会

收藏有多种境界。持之以恒算一种，一掷千金算另一种，另辟蹊径也算一种，不同境界都能有所收获。至少三十年以来，收藏领域的诸多成功者都沿着自己热衷的道路渐入佳境。

收藏行为本是一种物质加精神的综合追求，它在不同时期会满足人们不同的生活取舍。这个过程往往从物质开始，在不知不觉中滑向精神，当精神占了主导之后，收藏就会显得其乐无穷。这一点非亲历者不能感受，翻开这本以“囍”字为主线的日历书，这种感受扑面而来。

三百六十五日，三百六十五页，三百六十五件，这些物品有古有今，大至清代大床，小到妇女发簪，凡民间结婚喜庆之物，都纳入书中，让今人知道了过去的喜是双喜，双喜才是真正的喜事。

喜字按《说文解字》解释：乐也。乐者，五声八音总名。五声：宫、商、角、徵、羽；八音：金、石、丝、竹、匏、土、革、木；两者均出自《周礼》。五声八音囊括了肉声的直接表达和器乐的间接表达，而这一组总和就叫作“喜”，可见古人对喜之重视。

喜字何时作为双喜字“囍”在婚庆时出现目前尚不确定。相传宋人王安石洞房花烛、金榜题名双喜临门，他一高兴在一斗方上书写了一个大大的“囍”字，使这个新创的装饰字流入民间。但民间文物似乎不支持这个说法。明代以前的文物上从未发现有“囍”字出现，到了清代雍正年间，相关文物上依然

王艳平和收藏大师马未都

是单“喜”字，大约到了乾隆中期，“囍”字才登堂入室，进入嘉庆道光时期，“囍”字以风靡之势迅速普及朝野，尤其深受民间喜爱，凡结婚之庆“囍”字铺张，以致无“囍”不成婚庆，这种社会形态沿袭至今。

这本日历书中的“囍”字都是清中晚期及之后的用品，陶瓷为最大宗，衣服等织物最为普及，首饰挂件作为补充，另有日用品从各个角度说明了“囍”在每个年月的重要性；将其个人庋藏展示给公众是藏者有心有意，也是一份坚持。

我与本书藏品的收藏者王艳平认识三十多年了。我还清楚地记得我在她上学的北京舞蹈学校门口等她走出胡同的那一刻，她顺光走过来，我逆光看她，她身上罩着一层光晕，亭亭玉立，那一年她还不到二十岁。后来我看过她出演的《天鹅湖》中的白天鹅，看过她跳过的现代舞拉赫玛尼诺夫的《前奏曲》，几十年交往时密时疏，直到有一天她送给我这本书，我才知她为收藏付出过如此的努力。

我们每个人的人生都有一个轨迹，这个轨迹无法事先预设，即便事先预设，也未必能走好，甚至未必能走下去。艳平的收藏另辟蹊径，以“囍”字入手，注重国人的喜庆文化，以一个女子细腻之心，将自己人生的轨迹清晰划出，在自己获得满足的同时，又满足了这个社会。

值此书再版之际，我以老友之谊写了如上文字，虽迟些仍兴奋，这个时代只要有心，就可以将不可能变为可能，此书的收藏即为例证。

谨补为序。

马未都

2015.12.24 夜

（本文为收藏大师马未都为王艳平《天天有喜》一书所做的序）

后　记

留住“囍”，幸福还远吗

她有一双发现美的眼睛

朋友说，艳平的生活，“仙气儿”十足。的确，踮起脚尖，下巴上扬，向着未来凌空而跃——这是艳平；然而，当你来到一家农贸市场，看到两只手提满了大袋小袋的蔬菜——这也是艳平。

“咱们老百姓过日子，就得把钱用在刀刃上，只要你是个爱美的人，爱生活的人就能把生活过得有滋有味。”艳平说，她送给一双儿女最珍贵的礼物，不是昂贵的衣服或玩具，而是带他们出门旅游，“会生活的人，要吃最新鲜的，要买最好看的，而不是最贵的，关键是看你是否有一双会发现美的眼睛”。

初识王艳平的人，都以为她是个娇滴滴的大小姐，可论操持家务，艳平可算是一把好手。

“我的生活很简单，要管两个孩子，每天一起床就是柴米油盐酱醋茶。去自由市场买菜，给家人朋友做一顿美味佳肴……人的生活就得‘落地’。”

毕竟，艺术是空灵，生活是具体，飘浮在蓝天的梦想，需要

三代“白天鹅”聚首，从左至右依次为王艳平、中国第一代“白天鹅”白淑湘和著名舞蹈教育家尹佩芳

脚踏实地的支撑。

不过，“白天鹅”艳平操持家务，多少还是带着些星辰之外的“仙气”。在生活中，朋友要找好吃的好玩的，都会给王艳平打电话，因为她知道哪里能用最低的价格淘到最精美的花瓶，哪里能买到好看不贵的衣服……她在生活中的这些发现，总能慷慨地和朋友分享。

“艳平的生活很绚丽，也很本真，正是这种反差让她成为一个特别有意思的人。她对美的事物，有一种敏锐的感知力，也正是因为此，她能在一堆被现代生活所遗弃的老物件中，把‘囍’的魅力挖掘出来。”东子说。

艳平的好友、画家东子最爱到艳平家小聚。在朋友圈里，一群喜爱艺术的朋友们凑在一起，品品红酒，谈天说地。

然而，东子也许不知道，在客人进门之前，艳平恐怕忙得手脚朝天，但无论怎么忙乱，到了晚上，她必定衣裙得体，从容漂亮地出现在来的朋友们面前。

舞台上，艳平将美展现给观众，生活中，她也愿意和朋友分享美好的东西。舞蹈带给艳平最可贵的礼物，就是对美的极致追求。

“囍”，美且唯一

每一个物件都是一段光阴、一段岁月、一个幸福或悲伤离合的故事。不同年代、不同时期、不同种类的“囍”，记录了近十、近百也可能近千年的中国民众情感的发生和发展，让曾经的过往和美好瞬间以及刻骨铭心的爱恋，洋溢着幸福在我们面前一一展

和本书作者刘莉莉在古玩城 姚大伟摄

现，带给我们穿越时空、走过历史的奇妙感觉。

王艳平说，她对生活的感悟，很多来源于她的“囍”字藏品。

名贵古董，美则美矣，但高高在上，曲高和寡；时尚大牌，璀璨夺目，却是批量生产的产物，难言情感与个性。而艳平收藏的“囍”，每一件都是独一无二的，代表着那一欢喜、一娇羞、一爱恋、一幸福，蕴着重重的烟火气儿，含着浓浓的人情味儿，无论什么人看到都会牵起一段回忆，撩起一汪心水。

正如同，老一辈人看到“囍”，会想到他们的婚礼、婚姻，哪儿少得了带“囍”的暖壶、脸盆和穿衣镜的见证？年轻人看到“囍”，就会想起童年时外婆家里带“囍”字的青花瓷罐子，花生糖放在这样的罐子里，好久也不会绵……而无论哪个年龄段的人，看到“囍”，想必都会有一股暖流涌上心田，那是结婚证上的祝福，是婚礼上的喜庆，更是洞房花烛夜的点点呢喃，丝丝缠绵。

一切收藏皆为情，皆为念想。因为“囍”，艳平感受到了收藏的幸福，所以她从来不从价值上判断一个藏品该不该收，她的收藏标准只有一个——美且唯一。

2014 年 3 月，她在北京艺术博物馆做过一场帽子展，六百顶清末民初婚礼上孩子戴的帽子，每一顶都不重样。从前，母亲们就是这么有耐心，亲手做衣服，亲手缝帽子，并将浓浓的爱，与针针线线搅缠在一起。

生活中的王艳平

那是曾经的日子，很慢、很美，一辈子只够做一件事，只够爱一个人。望眼欲穿，只为等一封信，却知道了什么是“衣带渐宽终不悔，为伊消得人憔悴”；跨过山山水水，只为赴一个约，但坚信“君子一言，驷马难追”……

王艳平说，她真的很想穿越回古代，去体验优雅的慢生活。而现在的日子，显然慢不下来了，这多少让人遗憾，就像是，曾经被新郎新娘喜滋滋捧在手心中的暖水瓶和搪瓷缸，已经被送到了废品回收站。只不过，王艳平又把它们捡了回来，擦干洗净，露出了红彤彤的“囍”。

当岁月流转，生命已逝，一切都将归于尘土、化为尘埃，可这一个个有生命质感的物件依然存在，这是曾经幸福的印记，这是有过幸福的佐证，这无数个幸福铺天盖地、迎面而来。

每一个人的生命历程都会不尽完美，憾有缺失，“囍”字的结构蕴含着一种对称，展示着一种平衡，万事皆有缘，这可能是艳平于“囍”的一份情缘吧。

留住“囍”，幸福还远吗?

图书在版编目（CIP）数据

收藏幸福 / 刘莉莉著 . -- 北京：新世界出版社，
2018.4
ISBN 978-7-5104-6488-1
Ⅰ . ①收… Ⅱ . ①刘… Ⅲ . ①传记文学－中国－当代
Ⅳ . ① I25

中国版本图书馆 CIP 数据核字 (2018) 第 051847 号

收藏幸福

作　　者：刘莉莉
策　　划：张海鸥
责任编辑：乔天碧
特约编辑：宁馨儿
装帧设计：贺玉婷　魏芳芳
责任印制：王宝根　苏爱玲
出版发行：新世界出版社
社　址：北京西城区百万庄大街 24 号 (100037)
发行部：(010)6899 5968　(010)6899 8705（传真）
总编室：(010)6899 5424　(010)6832 6679（传真）
http://www.nwp.cn
http://www.newworld-press.com
版权部：+8610 6899 6306
版权部电子信箱：nwpcd@sina.com
印 刷：北京京华虎彩印刷有限公司
经 销：新华书店
开 本：880 × 1230　1/32
字 数：100 千字　印张：5
版 次：2018 年 4 月第 1 版　2018 年 4 月第 1 次印刷
书 号：ISBN 978-7-5104-6488-1
定 价：36.00 元